T'AI CHI CH'UAN E I CHING
Uma Coreografia do Corpo e da Mente

DA LIU

T'AI CHI CH'UAN e I CHING

Tradução
CARLOS A.L. SALUM

EDITORA PENSAMENTO
São Paulo

Título do original:
T'ai Chi Ch'uan and I Ching
A Choreography of Body and Mind

Copyright © 1972 by Da Liu.

Edição	O primeiro número à esquerda indica a edição, ou reedição, desta obra. A primeira dezena à direita indica o ano em que esta edição, ou reedição foi publicada.	Ano
4-5-6-7-8-9-10-11-12-13		05-06-07-08-09-10-11

Direitos de tradução para a língua portuguesa
adquiridos com exclusividade pela
EDITORA PENSAMENTO-CULTRIX LTDA.
Rua Dr. Mário Vicente, 368 – 04270-000 – São Paulo, SP
Fone: 6166-9000 – Fax: 6166-9008
E-mail: pensamento@cultrix.com.br
http://www.pensamento-cultrix.com.br
que se reserva a propriedade literária desta tradução.

Impresso em nossas oficinas gráficas.

Nota Introdutória

Tenho ensinado T'ai Chi Ch'uan, uma forma de movimento corporal chinês, a estudantes de todas as partes do mundo, por mais de vinte anos. É comum me fazerem perguntas sobre a prática do T'ai Chi Ch'uan: "Será que ela melhoraria minha condição física?" "Pode aliviar o estresse e a tensão?" "Vai me pôr 'em sintonia' com meu corpo?" "De que maneira o T'ai Chi Ch'uan está relacionado com o pensamento chinês?"

Muitas pessoas que têm algum conhecimento sobre T'ai Chi Ch'uan compreendem que ele se baseia em *yin* e *yang*, os princípios passivo e ativo da filosofia chinesa. Sabem também que o passatempo contemporâneo de jogar o *I Ching* baseia-se numa visão-de-mundo que utiliza os mesmos conceitos. Com muita razão, elas perguntam: "Qual a relação entre T'ai Chi Ch'uan e o *I Ching*?" A ligação entre as duas coisas existe na medida em que cada movimento do T'ai Chi está relacionado a um determinado hexagrama do *I Ching*. Esse relacionamento contém indícios vitais para a compreensão profunda do pensamento chinês que, como todas as visões-de-mundo válidas, baseia-se no conhecimento do Si-mesmo ou *Self*, adquirido da experiência prática da meditação. Tanto os movimentos do T'ai Chi Ch'uan quanto os hexagramas nos quais eles se baseiam são métodos de descrever a circulação de energia psíquica no corpo de quem medita.

Pelo que sei, este livro é o primeiro a explicar a conexão entre os movimentos do T'ai Chi e os hexagramas. Tenho plena consciência de que na América contemporânea, o *I Ching* é considerado apenas um livro de predição. T'ai Chi Ch'uan é conhecido, na América, como um exercício físico para o relaxamento e a autodefesa. Embora essas visões do T'ai Chi e do *I Ching* não sejam incorretas, são algo como julgar o valor de uma pedra preciosa pelo luxo do estojo no qual ela é guardada. O estojo pode ser atraente, forrado de veludo e trabalhado em ouro, mas nada é quando comparado com a jóia que está seguramente acondicionada em seu interior.

Tanto o T'ai Chi Ch'uan quanto o *I Ching* permitem ao indivíduo descobrir a mais preciosa das jóias, a natureza do Tao. E fazem isso revelando os segredos da Circulação da Luz, a circulação da energia psíquica na meditação. T'ai Chi Ch'uan e *I Ching* são chaves por meio das quais a filosofia teórica do taoísmo pode ser convertida num caminho prático de conhecimento. É claro que mesmo esse tipo de conhecimento, se praticado sem a orientação de um mestre experiente, ou nas condições erradas, tem probabilidades de não levar a parte alguma.

Comecei meus estudos em 1928, em Kiang-su, na China Ocidental, com o famoso Sun Lu-Tang, um mestre que fundou a Escola Sun de T'ai Chi Ch'uan. Mais tarde, viajei para as províncias do Sudoeste, onde encontrei e estudei com grandes mestres de T'ai Chi. Foi então que mudei da Escola Sun para a Escola Yang, a que ensino hoje em dia.

Espero que esse livro dê aos que buscam com determinação condições para que compreendam a profundidade e a magia que tanto o *I Ching* quanto o T'ai Chi Ch'uan têm. Também espero que ele estimule o estudante de T'ai Chi a uma maior proficiência e inspiração em sua prática.

Muitas pessoas me ajudaram na preparação deste livro. Elas têm minha sincera apreciação: Herbert Cohen, Earl George, Joseph Month, Barbara Rosenthal, Richard Shulman, Carol Southern, Olive Wong e James Wyckoff.

Da Liu

Nova York
dezembro de 1971

Sumário

NOTA INTRODUTÓRIA 5

PREFÁCIO À SEGUNDA EDIÇÃO 13

I. INTRODUÇÃO
T'ai Chi Ch'uan hoje 15
A origem do T'ai Chi Ch'uan 17
O *I Ching* 19
Yin-Yang e taoísmo 22

II. OS PRINCÍPIOS DO MOVIMENTO EM T'AI CHI
CH'UAN
Mente 27
Movimento interior 27
Movimento exterior 29
Como praticar 31

III. AS FORMAS

PARTE UM

PRIMEIRA SÉRIE
1. Início do T'ai Chi Ch'uan 34
2. Agarrar a cauda do pássaro (esquerda) 36

SEGUNDA SÉRIE

3. Empurrar para cima 36
4. Puxar para trás 38
5. Pressionar para a frente 38
6. Empurrar para a frente 38
7. Chicote simples 38

TERCEIRA SÉRIE

8. Tocar guitarra (direita) 40
9. Puxar para trás 40
10. Dar um passo à frente e golpear com o ombro 43
11. A garça branca abre as asas 43

QUARTA SÉRIE

12. Roçar o joelho e empurrar (esquerda) 44
13. Tocar guitarra (esquerda) 44
14. Roçar o joelho e empurrar (esquerda) 45
15. Dar um passo à frente e dar um soco 45
16. Recuar e empurrar para a frente 45
17. Cruzar as mãos 45

PARTE DOIS

PRIMEIRA SÉRIE

18. Trazer o tigre à montanha 47

SEGUNDA SÉRIE

19. O punho sob o cotovelo 49
20. Dar um passo para trás e repelir o macaco 49
21. O vôo oblíquo 51

TERCEIRA SÉRIE

22. A agulha no fundo do mar 51
23. Movimentar os braços como um leque 53
24. Virar o corpo e golpear para trás com o punho 53

QUARTA SÉRIE
25. Dar um passo à frente e dar um soco 53
26. Golpear o tigre (esquerda, depois direita) 53
27. Chutar com os artelhos 54
28. Golpear as orelhas do adversário com os punhos . . 55

QUINTA SÉRIE
29. Virar o corpo e chutar 55
30. Roçar o joelho e empurrar (esquerda) 57
31. Mover as mãos como uma nuvem 57
32. Chicote simples 58

SEXTA SÉRIE
33. A serpente que rasteja 58
34. O galo dourado sobre uma perna (esquerda, depois
à direita) 58
35. Acariciar o cavalo com a mão erguida (direita) 61
36. Separar os pés e chutar (direita) 62
37. Acariciar o cavalo com a mão erguida e separar os
pés e chutar (esquerda) 63

SÉTIMA SÉRIE
38. Girar o corpo e chutar 64
39. Roçar o joelho e empurrar (esquerda, depois à
direta) 65
40. Dar um passo à frente e dar um soco no baixo-ventre
do adversário 66

OITAVA SÉRIE
41. A donzela trabalha à lançadeira (esquerda, direita,
esquerda e direita) 66
42. Agarrar a cauda do pássaro (esquerda) 68

NONA SÉRIE
43. A serpente que rasteja 68
44. Dar um passo à frente, sete estrelas 68

45. Cavalgar o tigre até a montanha 68
46. Virar o corpo e dar o chute do lótus 70

DÉCIMA SÉRIE
47. Atirar no tigre 70
48. Rodar o punho 72
49. Dar um passo à frente e dar um soco 72
50. Cruzar as mãos – Conclusão do T'ai Chi Ch'uan . . . 72

IV. AS FORMAS E OS HEXAGRAMAS
Início do T'ai Chi Ch'uan: *Chin* 75
Agarrar a cauda do pássaro e empurrar para cima: *Ch'ien* . 76
Puxar para trás: *K'un* 77
Pressionar para a frente: *K'an* 77
Empurrar para a frente: *Li* 78
Chicote simples: *Ko* 78
Tocar guitarra: *Sui* 79
Dar um passo à frente e golpear com o ombro: *Ta Chuang* . 79
A garça branca abre as asas: *Pi* 80
Roçar o joelho e empurrar: *Ku* 81
Dar um passo à frente e dar um soco: *Yu* 82
Cruzar as mãos: *Ming I* 83
Trazer o tigre à montanha: *Ken* 84
O punho sob o cotovelo: *I* 85
Dar um passo para trás e repelir o macaco: *Tun* 85
O vôo oblíquo: *Huan* 86
A agulha no fundo do mar: *Hsiao Kuo* 87
Movimentar os braços como um leque: *Ta Ch'u* 87
Virar o corpo e golpear com o punho para trás: *Ta Kuo* . . . 88
Golpear o tigre: *I* 89
Chutar com os artelhos: *Meng* 90
Golpear os ouvidos do adversário com os punhos: *Shih Ho* 91
Virar o corpo e chutar: *Wu Wang* 92
Mover as mãos como uma nuvem: *Chun* 92

A serpente que rasteja: *Shih* 93
O galo dourado sobre uma perna: *Chung Fu* 94
Acariciar o cavalo com a mão erguida: *Lu* 95
Separar os pés e chutar: *Chên* 95
Dar um passo à frente e dar um soco no baixo-ventre do
   adversário: *Ch'ien* 96
A donzela trabalha à lançadeira: *Chieh* 97
Dar um passo à frente, sete estrelas: *Feng* 98
Cavalgar o tigre até a montanha: *Chien* 99
Virar o corpo e dar o chute do lótus: *Wei Chi* 99
Atirar no tigre: *Hsieh* 100
Rodar o punho: *Ting* 100

V. T'AI CHI CH'UAN USADO PARA AUTODEFESA
Empurrar as mãos – simples 104
Empurrar as mãos – duplo 104
Empurrar as mãos – duplo em movimento 105
Ta Lu 106

VI. MEDITAÇÃO TAOÍSTA E T'AI CHI CH'UAN 111

VII. A EXPANSÃO E O DECLÍNIO DE CH'IEN E K'UN
   APLICADOS À PRÁTICA DO T'AI CHI CH'UAN 117

NOTAS 137

Prefácio
à Segunda Edição

A primeira edição inglesa de *T'ai Chi Ch'uan e I Ching*, publicada em 1974, teve várias reimpressões. Foi um livro de muito sucesso e é com certeza a prova da crescente popularidade do T'ai Chi Ch'uan no Ocidente em anos recentes.

Depois dele, escrevi outros dois livros sobre o *I Ching: I Ching Coin Prediction*, publicado em 1974 e traduzido para o alemão, o francês, o holandês e o italiano; e *I Ching Numerology*, que saiu em 1979. Assim, o Ocidente tornou-se bem mais informado sobre a relação do *I Ching* com a filosofia chinesa como um todo.

Alguns poucos praticantes de T'ai Chi Ch'uan ainda têm dúvidas quanto à relação íntima deste com o *I Ching*. Mesmo alguns livros sobre T'ai Chi Ch'uan referem-se ao *I Ching* apenas de passagem, nunca em detalhes. Para tornar mais convincente a ligação entre T'ai Chi Ch'uan e *I Ching*, foi acrescentado a esta edição um novo capítulo sobre a expansão e o declínio de *Ch'ien* e *K'un* aplicado à prática de T'ai Chi Ch'uan. A própria expressão T'ai Chi vem originalmente do *I Ching*. Tem amplo uso na cultura chinesa, sendo encontrada em áreas tão diversas quanto a ciência médica, a meditação, a geomancia, assim como no exercício de T'ai Chi Ch'uan. Seja qual for a disciplina à qual é aplicado, o conceito tem sua raiz no *I Ching*.

I Ching é traduzido como *O livro das mutações*, mas na verdade tem três sentidos: "facilidade", "mudança" e "imutabilidade". O princípio básico do T'ai Chi Ch'uan deriva de todos os três. Primeiro, é "fácil", porque a forma deve ser confortável e fácil. Segundo é "mudança"; a forma muda constantemente de *yin* (pesada) para *yang* (leve), nunca parando. O exercício também envolve mudança mútua. Sempre o peso muda da esquerda para a direita ou da direita para a esquerda. Mesmo levando em conta que há essa mudança incessante o corpo deve manter seu equilíbrio e estar centrado. No interior a mente está sempre em paz e relaxada. Assim, o exercício incorpora imutabilidade.

É adequado mencionar neste prefácio a longa tradição de intercâmbio cultural entre a Grã-Bretanha e a China, da qual este volume faz parte. As relações culturais começam no início do século XIX, quando muitos missionários britânicos foram para a China. Eles estudaram chinês e traduziram livros chineses para o inglês. James Legge (1815-1897) foi um dos mais bem-sucedidos entre eles. Ele viajou para a China em 1840 e saiu de lá em 1865. Nesses vinte e cinco anos, traduziu para o inglês *Five Classics of Confucius* e *The Sacred Books of China*, incluindo o *Tao-Te-Ching*, de Lao-Tze, e os escritos de Chuang-Tzu. Foram dele as primeiras traduções desses trabalhos em inglês.

Estou contente por poder acrescentar o presente trabalho à literatura sobre o assunto.

Sou muito agradecido às seguintes pessoas, por terem me ajudado a completar o presente manuscrito: dr. John Lad, Jim Hickey, David Sheinkin, Reggie Jackson, Susan Delone e dr. Maurice Valency.

I

INTRODUÇÃO

T'ai Chi Ch'uan Hoje

Embora suas raízes estejam na antiga China, o T'ai Chi Ch'uan é muito indicado para os ocidentais. Tem a vantagem de combinar os exercícios regulares com uma ênfase definida na graciosidade e no ritmo lento que falta tão conspicuamente à sociedade ocidental. O T'ai Chi Ch'uan pode dar aos que vivem no ritmo veloz das cidades industrializadas um fator de compensação em suas vidas. Ele relaxa a mente assim como o corpo. Auxilia a digestão, acalma o sistema nervoso, é benéfico para o coração e a circulação sanguínea, torna flexíveis as articulações e rejuvenesce a pele.

Grupos de qualquer idade podem praticar T'ai Chi. Com 84 anos, Liu Shoting, um mestre contemporâneo de T'ai Chi, ainda dá aulas a seus alunos. Ele começou a praticar depois de sofrer um ataque de coração aos 60 anos. Em três anos, estava fora de perigo, com um corpo mais forte e mais vigoroso do que antes.

No começo é necessário um espaço amplo para praticar. Estudantes mais avançados precisam de apenas 25 centímetros quadrados. Os movimentos podem ser realizados sem qualquer equipamento incômodo. O trabalho em equipe, apesar de algumas vezes ser agradável, é desnecessário. Somente para a pressão das mãos, a forma de autodefesa em T'ai Chi, exigem-se duas pessoas. Adequado em qualquer estação do ano e com qualquer tempo, como o próprio Tao, o T'ai Chi é ilimitado em seus benefícios e nas condições em que revela sua natureza. É melhor praticar as formas duas vezes ao dia: pela manhã, ao levantar-se, e antes de ir para a cama à noite. Na hora do almoço, pode ser praticado no escritório. Por todo o mundo, há vários motivos para se praticar o T'ai Chi. Escolas de dança e de teatro o usam como parte de sua rotina de treinamento. Na China, instituições médicas recorrem a ele para auxiliar na restituição da saúde. Em Nova York, ele é ensinado até mesmo em casas para idosos. É o regime ideal para o exercício diário e a manutenção da saúde.

Eu, pessoalmente, concordo com o grande mestre Chang Sanfeng, quando ele disse: "Esse exercício levará muitos praticantes à saúde, à alegria e à longevidade. A autodefesa é secundária". Não gosto de enfatizar a competição ou a pressão das mãos em minhas classes. Ainda assim, em seu próprio lugar, T'ai Chi Ch'uan é uma forma de defesa eficiente e a ensino quando tenho certeza de que meus alunos já dominaram suficientemente as formas.

T'ai Chi pode ajudar tanto homens quanto mulheres a mehorar sua aparência pessoal. A beleza não se restringe ao rosto, ela penetra todo o corpo. Os movimentos relaxados e suaves do T'ai Chi Ch'uan impedem o corpo de ficar tenso e sem coordenação. As formas fazem também com que o corpo fique ereto e com boa postura. Como a tensão muscular impede aos pequenos vasos sanguíneos das mãos e do rosto de fornecer a quantidade adequada de sangue, o alívio que o T'ai Chi dá corrige essa condição, trazendo cor e vida para as partes esquecidas, como a água faz com a flor. A oxigenação e a circulação adequada do sangue impedem o indivíduo de parecer velho.

Há muitas escolas de T'ai Chi Ch'uan. A Escola Yang, da qual sou discípulo, deriva da Escola Chen. Quatro gerações deram continuidade à Escola Yang, indo consideravelmente além daquela que a precedeu. A Escola Yang tem grande influência na sociedade chinesa e é também a mais popular nos Estados Unidos e em outros países. Outra escola, a Wu, desenvolveu-se a partir da Escola Yang, nos anos 20. É bastante popular sobretudo em Hong Kong. Outra ainda, a Escola Sun, foi criada por Sun Lu-tang, um mestre de formas simbólicas. Mas não é muito popular hoje em dia. Sun é melhor conhecido por seu trabalho em boxe *Sheng I* e *Pa-Kua* (boxe dos Oito Trigramas).

As formas altas, nas quais o corpo é mantido ereto, são melhores para o principiante e para os idosos. Os estudantes mais avançados devem usar as formas baixas, com seus passos largos e o corpo agachado, precisando ter juntas e membros particularmente flexíveis. As formas médias, nem altas nem baixas, são adequadas para o estudante comum.

A forma longa da Escola Yang tem 108 posturas diferentes. É como o rio Yang-tse, comprido mas fluindo suavemente. Leva de quinze a vinte minutos para ser completamente realizada em todos os seus movimentos. O estudante convicto de T'ai Chi deve aprender essa forma. A forma reduzida, recomendada para o estudante comum, é muito mais fácil de aprender, compreendendo cerca de cinqüenta formas e levando de sete a dez minutos, ou menos, para ser realizada. Trata-se de uma boa opção para quem trabalha em escritórios ou para pessoas que desejam melhorar sua saúde, e pode ser praticada duas ou três vezes ao dia.

Se quer aprender T'ai Chi Ch'uan, precisa em primeiro lugar ter uma determinação mental positiva. Para alcançar proficiência, é desejável a prática diária. Ela deve tornar-se uma parte essencial da sua vida. Em segundo lugar, você deve encontrar um bom professor. Ele lhe dará uma combinação de formas corretas e da profunda filosofia subjacente a elas, além de inspirá-lo a alcançar a concentração forte, apesar de sutil, necessária para dominar essas formas.

A Origem do T'ai Chi Ch'uan

Antes de perseguir a obscura história do T'ai Chi Ch'uan, é importante notar que os hexagramas, o *I Ching*, o conceito de *yin-yang*, os sofisticados métodos e a filosofia da meditação taoísta o precederam. Enquanto a inspiração para o T'ai Chi pode muito bem ter vindo da natureza – da observação de animais, por exemplo –, sua efetiva fonte de energia encontra-se inteiramente no interior.

Muitos creditam a Chang San-feng, da dinastia Sung (960-1278), o desenvolvimento do T'ai Chi Ch'uan no século XII. Outros dizem que ele viveu no século XIII ou mesmo no século XVI. Diz-se que teve dois importantes predecessores, um monge indiano chamado Ta Mo, que veio para a China praticar a meditação, e um lenhador de nome Hsü Hsuan-ping, que viveu um século e meio depois de Ta Mo (por volta do ano 750). Ta Mo supostamente inventou seu exercício *Shiao-lin*, uma série de movimentos semelhantes a alguns dos movimentos do T'ai Chi, para os monges fisicamente debilitados do Monastério Shiao-lin. Ele pretendia fortalecer-lhes os corpos, para que pudessem ser um templo mais seguro para a alma. Hsü Hsuan-ping realizou o Exercício do Boxe Longo, uma série de movimentos que contém muitas formas do T'ai Chi contemporâneo, como o "Chicote Simples", a "Garça Branca Abre as Asas", e "Dar um Passo à Frente, Sete Estrelas".

Mas a lenda afirma que as fundações mais firmes e mais completas do T'ai Chi Ch'uan vieram do famoso taoísta Chang San-feng, conhecido como o Imortal. Diz-se que ele foi um ardoroso seguidor de Confúcio e que teve um forte interesse pelo *I Ching*. Teve uma posição proeminente como magistrado no distrito de Chung-san, China. Mais tarde, desistiu das suas funções oficiais para tornar-se um eremita. Ainda vivo durante a dinastia Ming, continuou a estudar com vários taoístas iluminados. Viajando de lugar em lugar, aprendeu técnicas de meditação e artes marciais.

De acordo com a lenda, Chang San-feng, ao meditar em casa à noite, ouviu um barulho incomum no pátio. Olhando de sua janela, viu uma serpente com a cabeça erguida, desafiando uma garça no alto de uma árvore. A garça desceu voando do pinheiro onde estava e atacou a serpente com seu bico em forma de espada. Mas a serpente desviou a cabeça para o lado e atacou o pescoço da garça com a cauda. A garça usou a asa direita para proteger o pescoço. Então a serpente lançou-se como uma flecha contra as pernas da garça. A garça levantou a perna esquerda e abaixou a asa esquerda para combater a adversária. Apesar das repetidas bicadas, a ave era incapaz de golpear com eficácia o inimigo. A serpente, torcendo-se e curvando-se, ficava sempre fora do seu alcance. Depois de algum tempo, cansada de lutar, a garça voou de volta para a árvore e a serpente deslizou para dentro de um buraco no tronco da árvore. E ambas descansaram, preparando-se para um novo confronto no dia seguinte.

De sua janela, Chang San-feng assistiu repetidas vezes ao combate entre os dois animais. E a partir disso compreendeu o valor de ceder diante da força. No combate da garça e da serpente ele viu, em sua forma viva, o princípio do *I Ching*: o forte transformando-se em flexível e o flexível tornando-se forte. E lembrou-se do ensinamento: "O que é mais flexível do que a água? E, no entanto, ela chega a corroer a pedra". O grande mestre estudou a garça e a serpente, os animais selvagens, as nuvens, as águas e as árvores curvando-se ao vento. Codificou esses movimentos naturais num sistema de exercício. Da ação da garça vem a forma "A Garça Branca Abre as Asas". Da ação da serpente vem "A Serpente que Rasteja". A garça atacando com o bico deu o "Roçar o Joelho e Empurrar". Construindo outras formas baseadas nos movimentos que tinha visto, também adaptou posturas marciais Shiao-lin à idéia da meditação taoísta.

Chang San-feng ensinou taoísmo e meditação a seus discípulos no Templo das Nuvens Brancas, na montanha Ocidental de Pequim. Criou outra escola para T'ai Chi e outros exercícios na província de Hu-pei, na montanha Wu-tang. Esta ficou conhecida como Escola Wu-tang, opondo-se à Escola Shiao-lin durante várias centenas de anos. Devemos as formas atuais de T'ai Chi a numerosos mestres que utilizaram e aperfeiçoaram as técnicas dessas escolas através de muitos séculos.

O *I Ching*

O *I Ching* é um dos primeiros esforços da mente humana de se localizar no universo. Sendo uma coleção de uma série de 64 figuras de seis linhas, chamadas de hexagramas, vem exercendo há 3000 anos uma influência viva na China. Os hexagramas individuais antecedem o *Livro das Mutações*. Foram preservados em tabletes de madeira muito tempo antes de serem registrados pelo Rei Wen, em 1150 a.C.

O *I Ching*, na verdade, tornou-se o mais importante dos Cinco Clássicos de Confúcio (*História, Odes, Ritual, Primavera, Outono* e *Mu-*

tações) e foi o único desses livros a escapar quando o imperador Ch'in Shih Huang Ti ordenou que todos os livros antigos fossem queimados, em 213 a.C. Sua antiguidade e valor são substanciados pelo seu uso como fonte comum tanto para a filosofia confucionista quanto para a taoísta, durante muitos séculos.

O ideograma chinês *I*, em *I Ching*, tanto significa mutação quanto imutabilidade. É construído com os ideogramas que compõem os do sol e da lua, os quais, embora apareçam e desapareçam a cada dia e noite, continuam sendo uma característica imutável dos céus. *I* também denota facilidade e clareza. Esses significados sugerem a claridade com a qual a natureza, a sociedade e o indivíduo são revelados através do agenciamento dos 64 hexagramas. *Ching* significa um livro ou clássico escrito por um sábio.

Cada um dos hexagramas consiste de duas figuras de três linhas, chamadas trigramas. Há oito trigramas básicos, construídos por combinações de linhas inteiras e interrompidas. Os trigramas, como os símbolos matemáticos x e y, podem representar muitas coisas. Por exemplo, o trigrama *Ch'ien* pode significar céu (o mundo natural), chefe ou rei (o reino social), pai (família, relacionamento), cabeça (parte do corpo), força (qualidade), além de outras coisas. Combinados em um hexagrama, os símbolos adquirem um significado composto distinto. Cada linha mostra um aspecto diferente da situação figurada pelo hexagrama.

A criação dos oito trigramas é atribuída a Fu Shi, o legendário sábio chinês que, de acordo com a tradição, viveu durante a era da caça e da pesca, há cerca de 5.000 anos. Estudando e observando o céu, a terra, as pegadas dos animais e seu próprio corpo, ele descobriu as linhas inteiras e interrompidas como símbolos da natureza fundamental do universo. A partir dessas linhas, construiu oito trigramas, cada um dos quais representava um aspecto da natureza, da sociedade e do indivíduo.

A origem dos 64 hexagramas não é clara. Supostamente, foram criados depois do tempo de Fu Shi. O rei Wen compôs seu livro durante o cativeiro, depois de ter sido preso pelo imperador Shing Chu. Ele passou sete anos na prisão, estudando os hexagramas dia e noite. E estruturou suas descobertas na forma de predições que implicavam outros significados, além da adivinhação. A codificação do rei Wen levou a um comentário, consistindo em Julgamento, Imagem e o texto anexo às linhas individuais dos hexagramas. Seu filho, o duque de Chou, completou o trabalho adicionando ao texto um comentário conhecido pelo nome de Decisão, que esclarece o Julgamento do hexagrama e discute a filosofia da qual se desenvolve a predição.

A última contribuição ao *I Ching* foi feita pelo grande filósofo chinês Confúcio que, com seus discípulos, escreveu um tratado completo e detalhado sobre a filosofia do livro, tal como existia na época. Essa seleção é chamada de as Dez Asas: uma espécie de crítica do livro que explica e analisa a sua história, filosofia e significado espiritual. Elas incluem uma discussão detalhada dos trigramas (Oitava Asa, ou capítulo), um comentário sobre as Imagens (Terceira e Quarta Asas) e notas diversas sobre os hexagramas (Décima Asa).

Assim, através dos séculos, o *I Ching* evoluiu de um simples conjunto de linhas inteiras e interrompidas a um livro de filosofia completo.

A primeira tradução inglesa do *I Ching* foi feita no século XIX por James Legge, um missionário e professor universitário escocês. Desde essa época, publicaram-se mais de vinte edições em língua inglesa. A mais conhecida versão inglesa do *I Ching* vem da tradução feita para o alemão, no começo deste século, por Richard Wilhelm. Traduzida para o inglês, por Cary F. Baynes, com uma introdução do destacado psiquiatra Carl G. Jung, essa versão, da qual freqüentemente citaremos alguns textos,* é organizada em três livros: o Livro Primeiro compreende os 64 hexagramas e o Julgamento, Imagens e o texto de cada linha escrito pelo rei Wen. O Livro Segundo contém as Dez Asas, escritas por Confúcio, seus alunos e discípulos. O Livro Terceiro, o mais útil para a predição, é composto pelos hexagramas com os comentários, tanto os de Confúcio

---

* Nesta tradução, as citações do *I Ching* obedecem ao texto da tradução brasileira do *Livro das Mutações*, feita diretamente do alemão, com consulta às traduções inglesa, francesa, argentina e chilena do texto de Richard Wilhelm. (Wilhelm, Richard – *I Ching – O livro das mutações*, prefácio de C.G. Jung, trad. Alayde Mutzenbecher e Gustavo Alberto Corrêa Pinto, 1984, Editora Pensamento, São Paulo).

Há pequenas diferenças entre a tradução inglesa, usada por Da Liu, e a brasileira, aqui usada. Em alguns poucos casos, nos quais essas diferenças poderiam dificultar a compreensão de conceitos tratados pelo Autor deste livro, a comparação entre o texto da tradução de Cary F. Baynes e a da Pensamento foi feita em nota de rodapé (N. do T.).

quanto os do duque de Chou. Os comentários discutem o significado e o simbolismo de cada hexagrama.

O *I Ching* também fornece uma orientação prática sobre assuntos não diretamente relacionados à adivinhação ou à filosofia. Inclui informações sobre a arte de governar, numerologia, astrologia, cosmologia, meditação e estratégia militar. John Blofield, em sua versão do *I Ching*, diz que ele foi usado regularmente pelos generais do exército japonês durante a guerra russo-japonesa, em 1904-1905. Embora as raízes de sua sabedoria estejam na China, o *I Ching* é parte integral da herança cultural do Japão, Coréia, Vietnã e outros países do Extremo Oriente. Seu impacto sobre o Ocidente está apenas começando. Atualmente, os hexagramas vêm sendo desenvolvidos para uso em computadores e, nessa forma, sua sabedoria ficará à disposição dos não-iniciados num nível inteiramente diferente.

> O Livro das Mutações é uma obra
> Da qual o homem não deve se manter distante.
> Seu Tao está em perpétua mutação –
> Modificação, movimento sem descanso
> Fluindo através das seis posições vazias;
> Subindo e descendo sem cessar.
> O firme e o maleável mudam.
> Não se pode contê-los numa regra;
> Aqui só a mudança atua. ...
>
> Mostram também a preocupação e a pena e suas causas.
> Se não tens um mestre,
> Aproxima-te delas como de teus pais.[1]

Yin-Yang e Taoísmo

O conceito de *yin-yang* costuma ser associado ao nome de Lao-tzu. Na verdade, foi descoberto e usado já há algo como 4.800 anos, muitos milhares de anos antes de Lao-tzu e seu famoso trabalho, o *Tao Teh Ching*, que enunciou os princípios do taoísmo. As polaridades *yin* e *yang* existem em toda parte, em tudo e em todo o tempo. No *I Ching* e no pensamento taoísta, o céu é *yang*, a terra é *yin*; o sol é *yang*, a lua é *yin*, o homem é *yang*, a mulher é *yin*; a firmeza é *yang*, a flexibilidade é *yin*. No corpo, a cabeça é *yang* e a barriga é *yin*. Uma vez que essa dualidade penetra toda a natureza, podemos, naturalmente, encontrar muitos outros exemplos.

Em T'ai Chi Ch'uan, o pé leve é *yang* e o pé pesado, firmemente colocado, *yin*. As formas leves são *yang*; as pesadas são *yin*. Uma forma *yang* sempre se seguirá a uma forma *yin*, uma indo para a frente ou para um lado, a outra voltando.

Apesar de não ter sido o inventor desse conceito, Lao-tzu o expôs de forma magnífica. Ele viveu entre 604 e 531 a.C., embora a lenda afirme que alcançou vários séculos de idade. Supõe-se que na sua juventude tenha sido um bibliotecário encarregado da guarda de documentos, no tempo da dinastia Chu. Mas abandonou o trabalho e foi viver sozinho, como eremita, na distante China Ocidental. Fala-se que teria sido ele o Imortal que transmitiu a Buda o segredo da imortalidade. A lenda também afirma que ele se encontrou com Confúcio, que ficou admirado com sua sabedoria superior. Seja qual for a validade de tais histórias, Lao-tzu foi quem expôs com mais eloqüência a filosofia do Tao.

O espírito do taoísmo exige uma vigorosa e sincera devoção à Verdade, um interesse bastante secundário em assuntos seculares, se estes entrarem em conflito com a devoção. Talvez tenha sido por esse motivo que muitos mestres taoístas foram acusados de indolência e falta de disposição para assumir responsabilidades. Existe uma história desse tipo, ilustrando a atitude taoísta para com o mundo, a respeito do grande mestre Chuang-tzu – que viveu entre 370 e 300 a.C. –, cujos escritos relativos ao taoísmo são considerados mais precisos e completos do que os do seu predecessor, Lao-tzu.

Conta-se que um dia, Chuang-tzu pescava no rio Pu, quando dois funcionários civis vieram falar com ele. Traziam uma mensagem do rei de Ch'u: "Desejo incomodá-lo, encarregando-o de tudo o que há em meu território."

Mas Chuang-tzu não largou a sua vara de pescar. Sem olhar para os funcionários, falou: "Ouvi dizer que em Ch'u há um casco de uma tartaruga sagrada que morreu há três mil anos. E também ouvi dizer que o rei que os mandou a mim mantém esse casco em seu templo dos ancestrais, num cesto de vime sagrado, coberto com um pano sagrado. Será que foi melhor para a tartaruga morrer e deixar seu casco para ser honrado? Ou teria sido melhor para essa tartaruga viver e continuar arrastando a sua cauda na lama?" (Acredita-se, na China, que as tartarugas vivem para sempre.)

Os dois oficiais responderam: "Bem, teria sido melhor para ela viver e continuar arrastando atrás de si a sua sagrada cauda na lama."

"Sigam o seu caminho", disse o sábio, encerrando o assunto. "Eu vou continuar arrastando a minha cauda na lama atrás de mim."

Apesar dessa atitude, o taoísmo, na verdade, fez sentir a sua influência nos assuntos civis chineses. Na mesma época em que o grande mestre taoísta Wang Chen ensinava, dois estrategistas taoístas, Sun-pin, do Estado de Chi, e Pong-chuen, um general do Estado de Wi, envolveram-se num conflito militar. No fim desse conflito, Sun-pin matou Pong-chuen e o taoísmo foi, pela primeira vez, projetado num conflito político e militar.

Embora as preces, rituais e fórmulas mágicas estejam associadas à prática taoísta, assim como tradições de estratégia política e militar, a contribuição real do taoísmo tem sido para a vida interior do homem. Suas várias escolas do não-ser, da não-ação, do elixir interno e externo, todas elas apontam o fato de que antes de o homem compreender o mundo, precisa compreender a si próprio. Um elemento-chave da prática taoísta, portanto, tem sido o ato da meditação. Na meditação aprende-se a focalizar e a dirigir energias que, normalmente, são desperdiçadas nas percepções mundanas dos cinco sentidos. Na meditação taoísta essas energias são direcionadas através de dois canais principais: *Tu Mu*, um canal ao longo da coluna espinhal, da base da espinha, onde se localiza um centro psíquico chamado *wei lu*, a um outro centro psíquico no alto da cabeça chamado *ni wan* e por sobre a cabeça até o lábio superior; e *Jen Mu*, um canal que desce pela parte frontal do corpo até a região genital (*huei yin*).

Os ensinamentos taoístas utilizam tanto o T'ai Chi Ch'uan quanto os hexagramas para demonstrar o fluxo de energia psíquica (*chi*) ao longo desses dois canais. Os movimentos do *chi* são chamados de Circulação Celestial Maior e Menor. Os movimentos dos braços e pernas no T'ai Chi

Ch'uan, junto com as viradas e posturas do corpo, ajudam a visualizar o fluxo de *chi* durante a meditação. A própria estrutura dos hexagramas pode ser usada para visualizar o corpo humano: as duas linhas superiores são a cabeça, as linhas médias o peito e as duas linhas de baixo a parte inferior do corpo. O próprio *I Ching* pode ser lido como um manual que descreve o caminho do *chi* na meditação e como um guia das tentações e objetivos do meditador.

II

OS PRINCÍPIOS DO MOVIMENTO EM T'AI CHI CH'UAN

Os movimentos de T'ai Chi Ch'uan baseiam-se na coordenação da mente, do corpo interno e do corpo externo.

Mente

É essencial que a mente do estudante esteja tranqüila e concentrada. Se a mente não tem resolução, não se consegue realizar as formas. A atitude mental correta para praticar é a quietude concentrada. Essa também é a atitude da meditação, na qual o exterior move o interior. Mas em T'ai Chi Ch'uan ocorre o oposto: o interior move o exterior.

Movimento Interior

Respiração

Os budistas referem-se à respiração como a roda da lei, que gira uniforme e incessantemente. A respiração é a energia da vida. Sem respiração não há vida. Os taoístas consideram-na como um dos três tesouros do corpo. O praticante de T'ai Chi regula a respiração em harmonia com o movimento do seu corpo para obter a saúde e a coordenação exigidas para a autodefesa.

Respirar não é apenas uma questão de inalação e exalação. Também envolve a circulação da força vital interior chamada *chi*. Quando a mente, a respiração e a energia sexual se unem, produz-se o *chi*. Com o objetivo de realizar a respiração interior profunda, deve-se concentrar o *chi* num centro psíquico conhecido como *tan tien*, que fica 8 centímetros abaixo do umbigo. O *tan tien* pode ser comparado à caldeira de uma máquina a vapor. Quando a mente se concentra nele, desenvolve-se calor. O excesso de energia, como o excesso de água evaporada na caldeira, é então distribuído para o resto do corpo, impulsionando os membros do praticante de T'ai Chi.

O processo de concentração e circulação de *chi*, por sua vez, produz uma outra substância que podemos chamar de espírito, ou na terminologia taoísta, *shen*. A conversão de uma essência interior em outra pode ser comparada a um processo alquímico. A energia sexual, à qual os textos taoístas com freqüência se referem literalmente como esperma, converte-se em *chi* pela concentração da mente. Em seguida, o *chi* é refinado para converter-se em espírito (ou *shen*). O *shen* é ainda mais refinado para tornar-se vazio (*shu*). Dessa maneira, a força vital interior muda de um estado a outro, exatamente da mesma maneira que a matéria da experiência comum passa por várias fases, do sólido, ao líquido e ao gasoso. De acordo com a lenda, o mestre que atingiu o vazio interior desenvolveu um corpo indestrutível e alcançou a imortalidade.

Circulação do Sangue

Assim como a respiração, a circulação do sangue é essencial à vida. A respiração controla a circulação do sangue. O estudante de T'ai Chi Ch'uan usa o movimento para ajudar o *chi*, a energia interior, a acelerar a circulação do sangue. A circulação do sangue e o *chi*, em conjunto, impulsionam os membros de uma maneira semelhante à de como a gasolina ou o vapor coloca uma máquina em movimento.

Movimento Exterior

Os movimentos exteriores das formas do T'ai Chi Ch'uan baseiam-se em princípios que fazem parte integral da arte do T'ai Chi.

Suavidade

Os movimentos devem ser suaves e regulares. O aluno executa todas as formas no mesmo ritmo. Nenhum movimento é súbito ou abrupto. Do começo ao fim o corpo se move com a mesma dinâmica suave.

Equilíbrio

Cada forma exige equilíbrio. O praticante não se inclina nem para a frente, nem para trás; nem para a esquerda, nem para a direita. Se perder seu equilíbrio, ele estará em dificuldades, sentindo desconforto e talvez até mesmo caindo.

Centralização

O tronco do corpo deve estar ereto e numa posição central. Nas costas, do cóccix ao topo da cabeça, o corpo do aluno deve manter-se em linha reta. Na frente, do topo da cabeça ao tórax e descendo até o baixo-ventre, também deve manter uma linha reta. Quando o corpo está ereto, cada osso e órgão interno deve estar na sua posição correta.

Ao usar o T'ai Chi em autodefesa, o corpo do lutador é como um arco-e-flecha que atinge diretamente o alvo. Com prática, ele aprende a alcançar automaticamente essa precisão, sem necessidade de olhar ou de dirigir de maneira consciente os golpes. E consegue dosar corretamente a sua força, porque ele próprio está centrado.

Não apenas o tronco, mas a parte inferior do corpo também precisa estar centrada. As pernas e os pés são colocados de forma tal que funcionam como um eixo, que permite movimentação livre e suporta grandes pesos sem qualquer dano. O peso do corpo deve repousar no meio dos pés, nunca nos artelhos nem nos calcanhares. Dessa maneira, o praticante pode apoiar todo o seu corpo sem se cansar.

Relaxamento

O relaxamento do corpo e da mente é crucial hoje em dia, devido ao ritmo das nossas cidades industriais. A capacidade de relaxar é um instinto natural humano e, quando desenvolvido, auxilia na prevenção de doenças. O relaxamento, tanto físico quanto mental, é necessário para alcançar o domínio da arte do T'ai Chi Ch'uan. Quando todo o corpo está relaxado, a respiração pode ir diretamente ao abdômen. O oxigênio misturado com o sangue consegue então penetrar os músculos, da mesma forma que a água penetra o solo. O praticante deve relaxar as coxas e a cintura, de maneira a mover-se livremente e sem tensão. Quando as pernas estão relaxadas, o corpo fica estável e pode mover-se com muita leveza.

Continuidade

No *Livro das Mutações* cada hexagrama desenvolve-se a partir daquele que o precedeu. Da mesma forma, em T'ai Chi Ch'uan, cada forma é seguida, contínua e naturalmente, da forma anterior. No pensamento chinês, o T'ai Chi Ch'uan é comparado a um rio comprido que flui livre e pacificamente. Confúcio, à margem de um rio, observou que tudo flui sem cessar, como um rio.

Coordenação

A coordenação entre corpo, mente e respiração é essencial. A mente dirige a respiração que deve correr paralela com a direção da forma. Quando a forma é aberta ou para a frente, o aluno inspira. Quando a forma é fechada ou recua, ele exala. Esse movimento da respiração permite aos pulmões agir como foles que expelem o ar estagnado e deixam entrar o ar fresco. Os braços devem ter coordenação com as pernas e a cabeça com o tronco, de forma tal que nenhuma das partes se mova em ritmo mais rápido ou mais lento que as outras.

Como Praticar

Para alcançar a perfeição na forma, o aluno deve guiar-se pelas recomendações a seguir:

Lentidão

O T'ai Chi Ch'uan deve ser realizado lenta e cuidadosamente, de forma a alcançar a máxima quietude. Quando o alimento é mastigado com lentidão, seu sabor pode ser completamente percebido e sua digestão consegue fornecer mais nutrição ao corpo. Da mesma maneira, o praticante de T'ai Chi movimenta-se lentamente ao realizar as formas, para melhorar sua concentração, energia, controle de respiração e paciência.

Peso e Leveza

A distribuição de peso nos pés muda sem cessar. Algumas vezes todo o peso do corpo está sobre um dos pés, enquanto o outro fica completamente leve. O mesmo princípio é seguido no *I Ching*, com relação às linhas mutáveis dos hexagramas. Uma linha valendo nove é completamente leve, ao passo que seis é peso absoluto. Quando se tira um seis ou um nove, em adivinhação, significa que a linha transformar-se-á em seu oposto (interrompida em inteira, inteira em interrompida), formando um novo hexagrama. Às vezes o peso, nas formas do T'ai Chi Ch'uan, distribui-se, ficando 80% em um dos pés e 20% no outro. Às vezes 70% repousam num dos pés e 30% no outro. O peso está continuamente mudando. Apenas no início e no fim o peso repousa igualmente sobre os dois pés.

Ausência de Esforço

Por usarem a força, os exercícios comuns costumam trazer como resultado a tensão e o cansaço. O T'ai Chi Ch'uan, ao contrário, baseia-se na ausência de esforço. Seus movimentos são livres e suaves. Todo esforço desnecessário é evitado. Usa-se menos força para produzir mais força, como no caso de uma alavanca, utilizada para mover corpos mais pesados. Movendo-se suave e graciosamente, sem esforço, o aluno alcança a sua arte naturalmente, da mesma forma que uma criança brinca.

III

AS FORMAS

Originalmente, o T'ai Chi Ch'uan dividia-se em três seções, correspondentes aos três poderes primordiais – céu, terra e homem – nos quais é dividido cada hexagrama do *I Ching*. No presente trabalho, entretanto, organizei os movimentos do T'ai Chi em duas seções. A primeira, contendo poucas formas, é leve como o céu. A segunda seção, com um número maior de formas, combina terra e homem – os dois poderes primordiais abaixo do céu.

As formas da primeira seção são executadas de frente para o sul (*Ch'ien*), norte (*K'un*), oeste (*K'an*) e leste (*Li*). Esses quatro trigramas são componentes dos trinta hexagramas que compõem a parte I do *Livro das Mutações*. As formas da primeira seção são executadas para frente ou para trás, para a esquerda ou para a direita.

Na segunda seção, não apenas há mais formas, mas elas são executadas mais perto do chão e contêm mais chutes. De "Trazer o Tigre à Montanha" até "A Donzela Trabalha à Lançadeira", as formas são executadas na diagonal – de frente para o nordeste (*Chên*), sudoeste (*Sun*), sudeste (*Tui*) e noroeste (*K'en*). Esses quatro trigramas fazem parte dos hexagramas que compõem a Parte II do *Livro das Mutações*.

Neste livro, agrupei os movimentos em séries. As formas de cada série relacionam-se entre si quanto ao significado. Descobri que essa organização torna mais fácil para o aluno aprender e reter cada forma.

Parte Um

Primeira Série

1. Início do T'ai Chi Ch'uan

Fique de pé, com as mãos relaxadas ao longo do corpo, as palmas das mãos para trás. Os calcanhares unidos, as pontas dos pés ligeiramente afastadas (Fig. 1).

Agache-se levemente, dobrando um pouco os joelhos, deixe o peso repousar sobre o pé direito e afaste o pé esquerdo para o lado, os artelhos esticados para a frente, mantendo entre os pés a mesma distância que há entre os ombros. Desloque o peso para o pé esquerdo e gire o calcanhar direito para mover os artelhos do pé direito diretamente para a frente. Distribua o peso igualmente sobre os dois pés.

Eleve os braços até a altura dos ombros; recue os pulsos em direção aos ombros, os dedos das mãos ligeiramente esticados (Fig. 2).

Continue o movimento circular, pressionando suavemente as mãos para baixo de novo em direção aos lados do corpo. O corpo se eleva ligeiramente com os braços e volta a abaixar quando os braços retornam para os lados do corpo.

Fig. 1

Fig. 2

Fig. 3

Fig. 4

35

2. Agarrar a Cauda do Pássaro (esquerda)

A mão esquerda se eleva, a palma da mão voltada para dentro, para segurar o pescoço do pássaro; a mão direita movimenta-se para baixo, como se estivesse acariciando a longa plumagem da cauda do pássaro.

Desloque o peso para a perna esquerda; girando sobre o calcanhar direito, vire-se para a direita. Simultaneamente o braço direito se eleva, o cotovelo dobrado, com a mão à altura do ombro; o braço esquerdo se levanta e cruza o corpo no nível da cintura, a palma da mão voltada para cima. As palmas das mãos ficam aproximadamente uma na direção da outra (Fig. 3).

Desloque o peso para a frente, sobre o pé esquerdo, e faça eixo nos artelhos desse mesmo pé para girar ligeiramente para a esquerda. Com o pé esquerdo esticado para a frente, afaste-o um pouco para a esquerda. Ao mesmo tempo, o peso desloca-se para a frente, sobre o pé esquerdo, a mão esquerda movimenta-se para cima até a altura do queixo, a palma da mão voltada para o rosto; o braço direito volta para o lado direito do corpo e, enquanto o corpo gira para a esquerda, a ponta do pé direito move-se ligeiramente para dentro (Fig. 4).

Segunda Série

3. Empurrar para Cima

Deslocando a maior parte do peso para a perna esquerda, o pé direito faz eixo nos artelhos enquanto o corpo gira para a direita.

Mova o pé direito ligeiramente para a frente e um pouco para a direita, primeiro com o calcanhar, os artelhos esticados para a frente. Deslocando o peso para a frente, sobre a perna direita, a ponta do pé esquerdo gira, enquanto a mão direita se curva para cima e diretamente para o nível do queixo, com a palma da mão voltada para dentro; a palma da mão esquerda toca a da mão direita (Fig. 5).

Fig. 5

Fig. 6

Fig. 7

Fig. 8

37

4. Puxar para Trás

Mude a posição das mãos, de maneira a fazer com que a palma da mão esquerda fique para cima e de frente para a palma da mão direita, que está voltada para baixo, movimentando ao mesmo tempo as duas mãos, diagonalmente, para a direita e para cima.

Com o peso voltando a repousar na perna esquerda, as mãos caem, cruzando o corpo para a esquerda, a cintura movendo-se ligeiramente para a esquerda (Fig. 6).

5. Pressionar para a Frente

O antebraço esquerdo faz um movimento circular para trás, a palma da mão voltada para a frente, e retorna, pressionando para a frente, passando o ouvido esquerdo em direção à palma da mão direita. Simultaneamente, a mão direita faz um movimento circular ascendente, no lado esquerdo, a palma da mão voltada para dentro (Fig. 7). As palmas de ambas as mãos movimentam-se para a frente do corpo, o peso desloca-se para a perna direita e empurra os braços para a frente.

6. Empurrar para a Frente

Separe as mãos à mesma distância que há entre os ombros. O peso volta para a perna esquerda e puxa os braços para dentro em direção ao corpo, à altura dos ombros. O peso desloca-se para a frente, para a perna direita, e os braços movem-se para a frente (Fig. 8).

7. Chicote Simples

Neste movimento, a mão esquerda lembra um chicote simples.

O peso é deslocado para a perna esquerda, esticando ligeiramente os braços enquanto a ponta do pé direito se levanta.

Fig. 9

Fig. 10

Fig. 11

Fig. 12

39

Fazendo eixo no calcanhar direito, gire o corpo em 135 graus, mantendo os braços esticados e movendo-se junto com o corpo.

Desloque o peso para o pé direito e faça eixo nos artelhos do pé esquerdo, girando o corpo para olhar à esquerda. Ao mesmo tempo, o braço esquerdo move-se, cruzando o corpo à altura da cintura, a palma da mão voltada para cima; o braço direito se estende para o lado direito do corpo, os dedos curvados, a mão à altura do ombro. O cotovelo aponta para o chão (Fig. 9).

Com o peso na perna direita, faça eixo nos artelhos do pé esquerdo e gire à esquerda, olhando para a frente e abrindo os braços para a frente.

O pé esquerdo dá um passo largo para a frente e para a esquerda. O peso desloca-se para o pé esquerdo, a palma da mão esquerda vira para cima enquanto sobe pressionando para a frente, as pontas dos dedos à altura da garganta, ao passo que a ponta do pé direito move-se para a frente, com eixo no calcanhar (Fig. 10).

Terceira Série

8. Tocar Guitarra (direita)

Com a maior parte do peso repousando na perna esquerda, vire-se para a direita, com eixo nos artelhos do pé direito. Os braços permanecem na mesma altura e abertos para os lados, as palmas das mãos voltadas para a frente. Movimente a perna esquerda sobre o calcanhar, mantendo os artelhos esticados para a frente. Ao mesmo tempo, as palmas das mãos e os braços se aproximam, a palma da mão esquerda de frente para o cotovelo direito a uma distância aproximada de 13 centímetros (Fig. 11).

9. Puxar para Trás

Mantendo o peso na perna esquerda, traga o pé direito para trás, sobre os artelhos, aproximando-o do pé esquerdo e deixando cair as mãos

Fig. 13

Fig. 14

Fig. 15

Fig. 16

41

Fig. 17

na direção e ao longo da perna esquerda. As palmas das mãos devem estar voltadas na direção da perna (Fig. 12).

10. Dar um Passo à Frente e Golpear com o Ombro

Dê um passo à frente com o pé direito, os artelhos esticados, desloque o peso para o pé direito e pressione o corpo para a frente e para o lado direito. Simultaneamente, a mão esquerda faz um movimento cruzado para a direita até tocar de leve o pulso direito (Fig. 13).

11. A Garça Branca Abre as Asas

Ao executar essa forma, o praticante de T'ai Chi Ch'uan parece uma garça equilibrando-se com um dos pés delicadamente levantado. A

Fig. 18   Fig. 19

mão direita é mantida na frente da testa, enquanto a esquerda permanece ao lado do corpo, indicando as asas da garça. O pé esquerdo é ligeiramente levantado, lembrando o pé do pássaro.

Com o peso na perna direita, movimente para dentro a perna esquerda, apoiada na ponta do pé, em direção à perna direita. O pé esquerdo deve estar esticado para a frente e perto do pé direito. Simultaneamente, a mão esquerda movimenta-se para o lado esquerdo, a palma da mão voltada para trás, e a mão direita move-se para cima, até a altura do lado direito da testa, a palma da mão quase para a frente (Fig. 14).

Quarta Série

12. Roçar o Joelho e Empurrar (esquerda)

Agachando-se ligeiramente sobre o joelho direito, gire um pouco para a direita enquanto o braço direito se abaixa, a palma da mão voltada para cima, e o braço esquerdo move-se para cima cruzando o corpo da esquerda para a direita, a palma da mão voltada para baixo. Dê um passo com o pé esquerdo, para a esquerda e em frente (Fig. 15).

O braço esquerdo continua seu movimento circular descendente à esquerda, até roçar o joelho esquerdo, retornando à coxa esquerda.

A mão direita vem para baixo, de detrás da orelha, o cotovelo apontado para baixo, o peso se desloca para a perna esquerda, enquanto a mão direita empurra para a frente (Fig. 16).

13. Tocar Guitarra (esquerda)

O pé direito dá um pequeno passo, movendo-se levemente para a esquerda e o peso se desloca para a perna direita. O pé esquerdo movimenta-se para dentro, na direção do pé direito, e para a frente, em cima do calcanhar. Os braços movimentam-se na direção contrária à do movimento de "Tocar Guitarra (direita)". O pé e a mão esquerdos estendem-se mais do que o pé e a mão direitos (Fig. 17).

14. Roçar o Joelho e Empurrar (esquerda)

Faça um movimento circular com os braços para o lado direito, roce o joelho e empurre para a frente, como na Forma 12, dando um passo à esquerda e para a frente com o pé esquerdo e deslocando o peso para a perna esquerda.

15. Dar um Passo à Frente e Dar um Soco

Deslocando o peso para a direita, abaixe a mão direita até a altura da virilha, a palma da mão voltada para o corpo, enquanto os artelhos do pé esquerdo se movem levemente para fora. O braço direito dobra no cotovelo e levanta-se até a altura do peito, com a mão fechada (Fig. 18). Dê um passo em cima da perna esquerda, com a ponta do pé esticada para a frente, enquanto o braço esquerdo faz um movimento cruzado no nível da cintura. Ao mesmo tempo em que o peso se desloca para a frente sobre a perna esquerda, o braço direito, com a mão fechada, move-se diretamente para a frente com força (Fig. 19).

16. Recuar e Empurrar para a Frente

A mão esquerda move-se para baixo do cotovelo direito e em seguida empurra para fora com as costas da mão. O braço direito curva-se para a esquerda e para trás enquanto a mão se abre.

O peso é deslocado para a perna direita, as mãos recuam (Fig. 20). Pressione para a frente, os braços separando-se à altura dos ombros (e à distância que há entre eles), com as palmas das mãos voltadas para baixo, enquanto o peso desloca-se novamente para a perna esquerda.

17. Cruzar as Mãos

Desloque o peso para o pé direito, gire a ponta do pé esquerdo para dentro e abra bem as mãos sobre a cabeça. Continue com os braços descendo para a frente e depois subindo até cruzar os pulsos na altura do peito, as palmas das mãos para dentro. O pé direito faz eixo nos artelhos e dá um passo para trás, para voltar à posição original de frente (Fig. 21). Para concluir a Parte Um, repita a Forma 1.

Fig. 20   Fig. 21

Parte Dois

Primeira Série

18. Trazer o Tigre à Montanha

Ao executar essa forma o praticante parece segurar o tigre, enquanto dá um passo à frente. O tigre é popularmente usado nas formas de T'ai Chi por causa das lendas que falam do relacionamento amigável entre os pacíficos eremitas taoístas e os animais das florestas. O tigre, quando domesticado, podia ser cavalgado em terrenos montanhosos, assim como nas planícies. Podia até mesmo saltar de rochedo em rochedo, transportando o santo taoísta dominador tranqüilamente montado em seu lombo.

Desloque o peso para a perna esquerda, faça três quartos de volta diagonalmente à direita e dê um passo com o pé direito. Ao mesmo tempo, o braço direito cai, roça o joelho direito, com a palma da mão voltada para o joelho e virando para cima ao chegar no lado direito do joelho. O braço esquerdo cai para trás e curva-se para cima, passando a orelha enquanto as pontas dos dedos pressionam para a frente e parecem formar uma bola com a mão direita. Enquanto os braços se movem, o peso desloca-se para a direita, o pé esquerdo fazendo eixo sobre o calcanhar (Fig. 22).

Depois de completar "Trazer o Tigre à Montanha", repita as Formas 4, 5, 6 e 7, executando-as na diagonal em vez de fazê-las na posição de frente ou para o lado.

Fig. 22

Fig. 23

Fig. 24

Fig. 25

Segunda Série

19. O Punho sob o Cotovelo

Desloque o peso para a perna direita. O pé esquerdo dá um passo à esquerda e em frente, enquanto o braço esquerdo balança para a esquerda, a palma da mão voltada para baixo. O pé direito dá um meio-passo para a frente e o braço direito balança para a frente com ele, o braço esquerdo curvando-se para baixo e para o lado. Colocando o peso na perna direita, o calcanhar esquerdo é trazido para a frente, com o braço esquerdo movendo-se junto com ele e dobrando-se no cotovelo; feche a mão direita, movendo-a para baixo do cotovelo (Fig. 23).

20. Dar um Passo para Trás e Repelir o Macaco

A mão esquerda agarra a mão do macaco, enquanto a mão direita empurra a cabeça do macaco para longe. Ao mesmo tempo, o praticante dá um passo para trás.

A partir da forma precedente, deixe o braço direito cair para o lado. Gire a palma da mão direita para baixo e pressione as pontas dos dedos para a frente.

À medida que o corpo gira para a direita, o braço direito faz um movimento circular para trás e as duas palmas das mãos voltam-se para cima (Fig. 24).

Enquanto o corpo gira para a frente, o braço direito faz um movimento circular em torno do corpo e move-se para a frente, passando a orelha. O braço esquerdo cai para o lado, com o pé esquerdo dando um passo diretamente para trás. O braço direito move-se para a frente, as pontas dos dedos pressionando para a frente também; os artelhos do pé direito se endireitam (Fig. 25). O braço esquerdo continua para trás, enquanto o corpo gira para a esquerda.

Repita esses movimentos pelo lado esquerdo e depois de novo pelo lado direito.

Fig. 26

Fig. 27

Fig. 28

Fig. 29

21. O Vôo Oblíquo

As mãos sobem e descem em um movimento circular, lembrando o padrão de vôo de um pássaro em vôo rasante sobre as margens de um rio.

Deixe a mão direita cair cruzando a coxa esquerda (Fig. 26), cruze o braço esquerdo sobre a mão direita. Com o pé direito dê um passo grande à direita e para a frente na diagonal (ângulo de 135 graus), girando com o corpo.

O braço direito move-se diagonalmente para cima, cruzando a parte frontal do corpo, a palma da mão inclinando-se para cima. Simultaneamente, a ponta do pé esquerdo vira para dentro e a mão esquerda cai para o lado (Fig. 27).

Depois de completar "O Vôo Oblíquo", repita as Formas 8, 9, 10, 11 e 12.

Terceira Série

22. A Agulha no Fundo do Mar

O praticante traz a mão para baixo, para o mar de respiração, a área que fica abaixo do umbigo. A mão direita permanece naturalmente reta, lembrando uma agulha, enquanto ele abaixa as duas mãos até a altura do joelho – até o fundo do mar.

Dê um pequeno passo de ajuste para a esquerda com o pé direito e desloque o peso para a direita, colocando o pé esquerdo sobre os artelhos, cerca de 20 centímetros à frente do pé direito. Abaixe e relaxe o corpo e deixe as palmas das mãos cair sobre os joelhos, colocando a mão esquerda sobre o pulso direito (Fig. 28).

23. Movimentar os Braços como um Leque

As mãos separam-se, como os dois lados de um leque chinês de dobrar.

Eleve o corpo, dê um passo para a frente e para o lado com o pé esquerdo. Traga para cima o braço direito, a palma da mão voltada

Fig. 30

Fig. 31

Fig. 32

Fig. 33

diagonalmente para o lado direito. O braço esquerdo move-se em arco para a frente, enquanto o corpo gira ligeiramente para a direita, simultaneamente com esses movimentos do braço (Fig. 29).

24. Virar o Corpo e Golpear para Trás com o Punho

Desloque o peso para a direita e faça eixo sobre o calcanhar esquerdo para girar à direita. Ao mesmo tempo, o antebraço direito movimenta-se para o lado de fora e a mão direita se fecha, enquanto o braço esquerdo cai para o lado (Fig. 30).

Quarta Série

25. Dar um Passo à Frente e Dar um Soco

Vire os artelhos do pé direito para fora, dê um passo à frente com o pé esquerdo e dê um soco com o punho direito (Fig. 31). Então desloque o peso para a direita, dê um passo para trás com o pé esquerdo e puxe as mãos para trás e para o lado esquerdo.

26. Golpear o Tigre (esquerda, depois direita)

Uma das mãos golpeia a testa do tigre; a outra golpeia o peito.

A palma da mão esquerda vira para cima e o braço direito faz um movimento circular para fora, para cima e sobe, com a palma da mão para baixo. Em seguida, os braços movem-se diagonalmente cruzando o corpo para a esquerda, enquanto o pé esquerdo dá um passo para trás. (Fig. 32).

Os braços continuam seu movimento circular para cima e em torno do corpo, para a direita, com os artelhos do pé direito fazendo eixo. Deslocando o peso para a direita, enquanto os braços continuam o movimento circular, dê um passo à frente com o pé esquerdo; os braços movimentam-se para dentro, as mãos se fechando, um para cada lado da linha central do corpo, o punho esquerdo na posição de 11h30 e o direito na posição de 5h30, as juntas dos dedos para a frente (Fig. 33).

Repita os movimentos circulares do braço na direção oposta e continue como antes, mas desta vez para a direita.

27. Chutar com os Artelhos.

Os braços continuam a circular na posição central, depois para os lados, com as palmas das mãos voltadas para a frente. A essa altura, a perna direita é levantada, e chuta-se com os artelhos, para a frente e para cima (Fig. 34).

O pé relaxa na posição levantada. As duas mãos se movem para dentro, fecham-se (Fig. 35) e roçam ambos os lados do joelho dobrado.

Fig. 34　　　　　　　　　Fig. 35

28. Golpear as Orelhas do Adversário com os Punhos

Dê um passo à frente com o pé direito, deslocando o peso sobre a perna direita. Os braços continuam para baixo, para fora, para cima e em volta, em direção ao centro para golpear as duas orelhas do adversário (Fig. 36).

Quinta Série

29. Virar o Corpo e Chutar

Desloque o corpo para a perna esquerda, fazendo eixo no calcanhar direito para girar a ponta do pé para a esquerda; ao mesmo tempo deixe

Fig. 36 Fig. 37

Fig. 38

cair as mãos (sem fechá-las) num arco para fora, fazendo um movimento circular para cima que se detém no nível do peito com os pulsos cruzando-se (Fig. 37).

Gire a ponta do pé direito para dentro. Gire o corpo para o lado esquerdo e chute com o pé esquerdo; a mão esquerda movimenta-se para cima, para proteger a têmpora direita com a palma da mão levemente voltada para a frente. A palma da mão está voltada para a frente e ligeiramente para baixo em frente (Fig. 38).

30. Roçar o Joelho e Empurrar (esquerda)

Repetir o movimento descrito na Forma 12.

31. Mover as Mãos como uma Nuvem

Os movimentos circulares das mãos lembram o movimento fluido de uma nuvem passando no céu.

Com o peso na perna esquerda, fazer eixo no calcanhar direito e girar para a direita. Deslocar o peso para a perna esquerda e fazer eixo no calcanhar esquerdo, para continuar o giro. Ao mesmo tempo, a mão esquerda se move cruzando a parte frontal e inferior do tronco, a palma da mão para cima, e a mão direita vem para trás com o corpo enquanto este gira (Fig. 39). Em seguida, o pé esquerdo dá um passo à frente, alinhado com o pé direito e em posição paralela a este. A distância entre os pés é ligeiramente maior que a distância existente entre os ombros.

O corpo gira para a esquerda a partir da cintura, enquanto o peso se desloca para a esquerda. Ao mesmo tempo, os braços trocam o movimento: o braço direito move-se para baixo, cruzando a parte inferior do tronco, a palma da mão voltada para cima, e o braço esquerdo move-se para cima cruzando para a esquerda enquanto o corpo gira (Fig. 40).

Esse movimento é repetido alternadamente à esquerda e à direita por sete vezes.

32. Chicote Simples

Repetir o movimento descrito para a Forma 7.

Sexta Série

33. A Serpente que Rasteja

A mão desce para o pé, enquanto todo o corpo se abaixa ficando próximo do chão. O movimento é fluido e serpenteante.

Faça eixo no calcanhar direito e gire a ponta do pé direito para o lado direito. Desloque o pé para a perna direita.

Faça eixo no calcanhar esquerdo para girar os artelhos para dentro, enquanto abaixa o corpo ficando quase sentado sobre o calcanhar direito. O braço direito permanece na posição do "Chicote Simples", mas se estica. O braço esquerdo movimenta-se para baixo, ao longo da parte interna do fim da coxa, continuando mais para baixo e ultrapassando a barriga da perna (Fig. 41).

34. O Galo Dourado sobre uma Perna (esquerda, depois à direita)

Uma das mãos é mantida para baixo, a outra para cima. Ao mesmo tempo, a postura é congelada, com uma das pernas sendo mantida para cima, como um galo de pé.

Enquanto o braço esquerdo continua a mover-se para a frente cruzando a barriga da perna esquerda, começando um movimento ascendente, os artelhos do pé esquerdo voltam-se de novo para a frente e o peso desloca-se para a perna esquerda. O corpo se levanta, a mão

Fig. 39

Fig. 40

Fig. 41

Fig. 42

Fig. 43

esquerda movendo-se para cima para golpear, o calcanhar direito fazendo eixo enquanto os artelhos movem-se para dentro. O braço direito abaixa-se para o lado direito (Fig. 42).

O braço e a perna direitos movem-se em conjunto, o braço direito subindo em ângulo agudo, a palma da mão voltada para o lado, e o joelho direito levantando-se para golpear à frente, formando um ângulo reto. Simultaneamente, o braço esquerdo cai para o lado esquerdo (Fig. 43).

Repita o movimento, desta vez equilibrando-se sobre a perna direita. Os braços trocam os movimentos e braço e perna esquerdos movimentam-se em conjunto (Fig. 44).

35. Acariciar o Cavalo com a Mão Erguida (direita)

Nesta forma a mão direita ergue-se para acariciar o lombo do cavalo enquanto a mão esquerda segura as rédeas.

Fig. 44　　　　　　　　Fig. 45

Dê um passo para trás sobre o pé esquerdo, abaixando o braço esquerdo até o nível da cintura, com a palma da mão voltada para cima. A mão direita sobe, com a palma da mão voltada para baixo, cruzando a palma da mão esquerda, enquanto o peso começa a se deslocar para a frente. À medida que o peso vai para a frente, sobre a perna direita, o corpo e as mãos se movem diagonalmente para a direita, as mãos também subindo (mão direita à altura da testa; mão esquerda acima da altura da cintura) (Fig. 45).

36. *Separar os Pés e Chutar (direita)*

À medida que o peso se desloca de volta para a perna esquerda, as mãos caem para trás e para baixo, para a esquerda. Então o braço esquerdo se move em torno do lado esquerdo e para a frente do rosto, a

Fig. 46   Fig. 47

palma da mão aberta, enquanto o braço direito move-se para cima, cruzando o punho com o braço esquerdo, a palma da mão também aberta. Quando as palmas das mãos se cruzam, o pé direito se move sobre os artelhos (Fig. 46).

Os artelhos do pé direito chutam embaixo, na direção da diagonal direita, enquanto os braços deslizam para os lados, a mão esquerda à altura da têmpora com a palma da mão para a frente e o antebraço direito movendo-se a partir do cotovelo para a direita (Fig. 47).

37. Acariciar o Cavalo com a Mão Erguida e Separar os Pés e Chutar (esquerda)

Inverta os movimentos das Formas 35 e 36, primeiro dando um passo para trás com a perna direita e deixando cair o braço direito até a

Fig. 48 Fig. 49

altura da cintura, com a palma da mão voltada para cima, e continuando os movimentos pelo lado esquerdo (Fig. 48).

Em seguida, os artelhos do pé esquerdo chutam embaixo na diagonal da esquerda, enquanto os braços deslizam para os lados, a mão direita à altura da testa, com a palma da mão voltada para fora e o antebraço esquerdo movendo-se do cotovelo para a esquerda (Fig. 49).

Sétima Série

38. Girar o Corpo e Chutar

Trazendo o calcanhar esquerdo para a parte interna e superior da barriga da perna direita, movimente o braço direito cruzando o corpo

Fig. 50 Fig. 51

para a direita, abaixo da cintura, com a palma da mão voltada para o corpo; mova o braço direito para fora e para baixo, numa diagonal descendente e ligeiramente para trás, deixando o corpo seguir esse movimento (Fig. 50).

O braço direito impele o corpo para a esquerda e o faz rodar rápido, numa meia-volta, com eixo no calcanhar direito.

Chute para a frente com o calcanhar esquerdo, enquanto o braço direito sobe para proteger a têmpora direita e o braço esquerdo golpeia para a frente, com a palma da mão aberta (Fig. 51).

39. Roçar o Joelho e Empurrar (esquerda, depois à direita)

Dê um grande passo à frente com o pé esquerdo, primeiro com o calcanhar, os artelhos para a frente. Simultaneamente, roce o joelho

Fig. 52   Fig. 53

direito num movimento cruzado com a mão esquerda e pressione com os dedos da mão direita, como antes, para a frente.

Desloque o peso para trás, para a perna direita, roce o joelho direito com a mão direita, gire os artelhos ligeiramente para fora, e desloque o peso para o pé esquerdo. Dê um passo com o pé direito, avançando primeiro o calcanhar, os artelhos para a frente, deslocando o peso para a frente. Com esse passo, o braço esquerdo volta para trás em movimento circular e move-se passando a orelha esquerda para pressionar para a frente com as pontas dos dedos, a mão direita roçando de novo o joelho direito (Fig. 52).

40. Dar um Passo à Frente e Dar um Soco no Baixo-Ventre do Adversário

O peso desloca-se de volta para a perna esquerda, o braço esquerdo abaixa para o lado e os artelhos do pé direito viram ligeiramente para fora. Dê um passo à frente sobre a perna esquerda, os artelhos para a frente; roce o joelho esquerdo com a mão esquerda; dê um soco para a frente com o punho direito na parte inferior do abdômen do adversário (Fig. 53).

Depois de completar esta forma, repita as Formas 3, 4, 5, 6 e 7.

Oitava Série

41. A Donzela Trabalha à Lançadeira (esquerda, direita, esquerda e direita)

Ao executar esta forma, as mãos do praticante movem-se da esquerda para a direita, como o movimento de vaivém de uma lançadeira.

Desloque o peso para a perna direita e faça eixo no calcanhar esquerdo, que deve estar o mais longe possível da perna direita, enquanto o braço esquerdo se move cruzando o corpo à altura da cintura, a palma da mão voltada para cima. Desloque o peso para a perna esquerda; continue o movimento para nordeste, fazendo eixo nos artelhos do pé direito; o braço direito move-se ligeiramente para baixo em direção ao braço esquerdo. Dê um passo com o pé direito (em direção ao nordeste) e, em seguida, com o pé esquerdo.

À medida que o peso se desloca para a perna esquerda, o braço esquerdo sobe à altura da testa, a palma da mão voltada para baixo, e as pontas dos dedos da mão direita pressionam diretamente acima do canto esquerdo (Fig. 54).

Desloque o peso para a perna direita, com eixo no calcanhar esquerdo e gire o máximo possível à direita, enquanto o braço esquerdo se move ligeiramente para baixo, à altura do queixo, como antes.

Desloque o peso para o pé esquerdo, continuando o movimento à direita com eixo nos artelhos do pé direito. Dê um passo à direita, com o pé direito, fazendo três quartos de volta em direção ao canto nordeste. Levante a mão direita até a altura da testa, como antes, e pressione para a frente as pontas dos dedos da mão esquerda, enquanto desloca o peso para cima da perna esquerda (Fig. 55).

Desloque o peso para a perna esquerda, dê um passo para o canto sudoeste com o pé direito, o braço direito abaixando-se na direção da cintura.

Dê um passo na mesma direção com o pé esquerdo e pressione para a frente com a ponta dos dedos da mão direita, enquanto o braço esquerdo sobe para proteger a cabeça, o peso deslocando-se para cima do pé esquerdo. A palma da mão direita empurra com força na direção do canto sudoeste (Fig. 56).

Desloque o peso para a perna direita, com eixo no calcanhar esquerdo, para girar à direita, e abaixe ligeiramente o braço esquerdo. Desloque o peso para a perna esquerda e continue girando à direita com eixo nos artelhos do pé direito.

Complete três quartos de volta com o pé direito e fique de frente para o canto sudeste, o braço direito levantado à altura da testa e o braço esquerdo pressionando para a frente, os artelhos do pé esquerdo virando para dentro (Fig. 57).

42. Agarrar a Cauda do Pássaro (esquerda)

Repetir os movimentos descritos para a Forma 2; em seguida, repetir as Formas 3, 4, 5, 6 e 7.

Nona Série

43. A Serpente que Rasteja

Repetir o movimento descrito para a Forma 33.

44. Dar um Passo à Frente, Sete Estrelas

Nesta forma, os pulsos são cruzados, fazendo com que as mãos lembrem a constelação de sete estrelas próxima da estrela polar.

Ao levantar o corpo, gire para dentro a ponta do pé direito e centralize o peso na perna esquerda. Mova os braços em frente ao corpo, até o nível da parte superior do tórax, e feche os punhos (com as costas das mãos voltadas para a frente), cruzando os pulsos, o pulso esquerdo atrás do direito. Simultaneamente, mova o pé direito, sobre os artelhos, para a frente do calcanhar esquerdo (Fig. 58).

45. Cavalgar o Tigre até a Montanha

Ao executar este movimento, o praticante parece estar cavalgando um tigre.

Dê um passo para trás com a perna direita, desloque o peso sobre ela e deixe cair o braço esquerdo para o lado esquerdo do corpo. Gire a mão direita para o lado e para cima até a altura da testa, a palma da mão um pouco para baixo e para a frente. Enquanto os braços se movimentam, traga o pé esquerdo, sobre os artelhos, para a frente do calcanhar direito (Fig. 59).

Fig. 54

Fig. 55

Fig. 56

Fig. 57

46. Virar o Corpo e Dar o Chute do Lótus

A flor do lótus – uma flor redonda com folhas redondas – parece rodar quando o vento sopra. Nesta forma, o chute sai em movimento circular, lembrando uma folha de lótus girando.

A perna esquerda eleva-se do chão, ligeiramente para a frente, e o corpo gira à direita, dando uma volta de 360 graus apoiado na parte da frente da sola do pé direito, braços e pernas fornecendo o impulso para o movimento (Fig. 60).

Deixe o braço direito cair diagonalmente, cruzando o corpo para a esquerda o mais longe que ele alcançar naturalmente, a palma da mão voltada para trás. Ao mesmo tempo, gire a mão esquerda de maneira a voltá-la para a frente, movendo ligeiramente o braço esquerdo para a frente e girando para fora e para trás na diagonal esquerda.

Termine a volta com o peso inteiramente deslocado sobre a perna esquerda, o joelho ligeiramente dobrado. Ao mesmo tempo, movimente os braços para a frente, na altura do peito, as palmas das mãos voltadas para baixo.

Eleve a perna direita e toque os artelhos com ambas as palmas das mãos, sem mover os braços (Fig. 61).

Décima Série

47. Atirar no Tigre

As duas mãos são mantidas como um arco, a mão direita acima e a esquerda abaixo. O corpo e os braços movem-se de trás para a frente, imitando o movimento de uma flecha.

Dê um passo à frente com a perna direita e feche os punhos das duas mãos, os nós dos dedos para cima, o braço esquerdo ligeiramente abaixado. Dê um soco para a frente com os dois punhos, enquanto o corpo se movimenta para a frente (Fig. 62).

Fig. 58

Fig. 59

Fig. 60

Fig. 61

71

48. Rodar o Punho

Desloque o peso de volta para a perna esquerda e deixe os braços caírem ao lado do corpo. O braço esquerdo pára no lado esquerdo e o braço direito, com o punho fechado, continua movendo-se no sentido horário, para atingir a cabeça do oponente imaginário (Fig. 63).

49. Dar um Passo à Frente e Dar um Soco

Colocar o peso sobre a perna direita, mover o braço esquerdo, cruzando o corpo à altura do peito, acima do punho que está dando o soco, e dar um passo à frente com o pé esquerdo. Em seguida, dar um soco para a frente com o punho direito (Fig. 64).

50. Cruzar as Mãos – Conclusão do T'ai Chi Ch'uan

Repetir os movimentos descritos para a Forma 17. Em seguida, para concluir o T'ai Chi Ch'uan, repita a Forma 1.

Fig. 62

Fig. 63

Fig. 64

IV

AS FORMAS E OS HEXAGRAMAS

CHIN

Início do T'ai Chi Ch'uan

O movimento de abertura do T'ai Chi Ch'uan é derivado do Hexagrama 35, *Chin*, que representa Progresso. Esse hexagrama é composto do trigrama superior *Li*, ou sol, e do trigrama inferior *K'un*, ou terra: juntos, esses elementos simbolizam o sol nascendo sobre a Terra. No começo do dia, o sol move-se lentamente, cada vez mais alto, sobre a Terra. Esse aspecto do movimento do sol é capturado na primeira forma.

O estudante encontra-se de pé, ereto, ao começar o T'ai Chi Ch'uan. Suas pernas estão paralelas entre si, a postura que é indicada pelo trigrama nuclear inferior *Ken*, ou pernas (também braços). Suas mãos então sobem lentamente a partir das coxas, em um movimento paralelo. Isso também é sugerido pelo trigrama *Li*, com suas duas linhas inteiras cercando uma linha interrompida. A estrutura desse trigrama traz à mente o epíteto "Forte por fora, vazio por dentro", uma descrição provocante do homem espiritualmente evoluído. As mãos do estudante elevam-se a partir do ventre (o trigrama inferior *K'un* também significa ventre) até os ombros e descem de novo, lenta e suavemente.

No Comentário da Decisão, uma seção do *I Ching* na qual os hexagramas são interpretados, está registrado o seguinte comentário:

"O fraco (ou o indivíduo bondoso) com sua devoção e mantendo-se ligado à grande claridade consegue progredir e ascender." Essa explicação do movimento *Chin* é acentuada pela afirmação da Imagem do hexagrama:

> O sol eleva-se sobre a terra: a imagem do PROGRESSO.
> Assim, o próprio homem superior
> ilumina suas evidentes qualidades.

Com isso, dá-se à adequação do T'ai Chi Ch'uan ainda uma outra dimensão: ele serve não apenas à saúde e à autodefesa, como também ao desenvolvimento da virtude.[1]

Agarrar a Cauda do Pássaro e Empurrar para Cima

CH'IEN

Essas formas originam-se do primeiro hexagrama, *Ch'ien*, o Criativo. A palma da mão esquerda é mantida no nível do queixo, como que agarrando a cabeça do pássaro (ou dragão). A mão direita, colocada ao lado do quadril, como que acariciando a cauda do pássaro, é então levantada até a cabeça do pássaro. O *Livro das Mutações* diz:

> Nove na segunda posição significa:
> Dragão aparecendo no campo.

O número 9 indica a linha inteira que é a segunda do hexagrama, de baixo para cima. A expressão "a segunda posição" refere-se também ao abdômen. A linha "Dragão aparecendo no campo" é uma expressão concreta da primeira afirmação, com o dragão representado pela mão e o campo entendido como o abdômen.

Quando a mão, ou dragão, se eleva para um lugar em frente ao queixo do praticante, o *Livro das Mutações* diz:

Nove na quinta posição significa:
Dragão voando nos céus.

Se, entretanto, a mão se elevar demais e passar da altura do queixo, podemos falar dela como um dragão arrogante, e o movimento torna-se duro e desgracioso.

Nove na sexta posição significa:
Dragão arrogante terá motivo de arrependimento.

Dessa forma, "Empurrar para Cima" chega ao seu fim no queixo, ou quinta posição, e a partir daí inicia-se uma nova forma.²

Puxar para Trás

K'UN

O trigrama *K'un*, o Receptivo, caracteriza "Puxar para Trás". As mãos do praticante movem-se para baixo, a partir do seu lado direito superior em direção ao lado esquerdo inferior. As palavras de abertura do Grande Comentário do *I Ching* são adequadas: "O céu é alto, a terra é baixa."³

Pressionar para a Frente

K'AN

Esse movimento, relacionado ao trigrama *K'an*, encontra a mão esquerda colocada sobre o pulso direito, as duas mãos numa posição próxima do peito. As mãos então pressionam para a frente, repre-

77

sentando a lua nova caminhando para a cheia. Mas no fluxo da natureza, quando a lua está cheia, começa a minguar. O praticante então separa as mãos e descansa para trás, indicando a lua minguante.

Empurrar para a Frente

LI

Baseada no trigrama *Li*, essa forma começa com as mãos em posição paralela e em frente ao corpo, um símbolo de força exterior e vazio interior. O ato de empurrar para a frente lembra o arco do sol, que segue em frente atravessando o céu.

"Empurrar para Cima", "Puxar para Trás", "Pressionar para a Frente" e "Empurrar para a Frente" também simbolizam as quatro estações. Quando esses movimentos são completados, começa um novo ano, com a transição para o "Chicote Simples".

Chicote Simples

KO

O "Chicote Simples" vem do Hexagrama 49, *Ko*, que significa Revolução. De acordo com o Comentário sobre a Decisão, "O céu e a terra geram a revolução, e com isso as quatro estações se completam." Os trigramas nucleares *Ch'ien* (que significa virar) e *Sun* (que significa suave e vento) sugerem a essência do movimento: o corpo virando em quase 120 graus a partir do final de "Empurrar para a Frente", o movimento anterior, com as mãos ainda em posição paralela. *Ch'ien* e *Sun*, combinados, dão a imagem do corpo rodando num movimento fluente e suave, como o de um vento leve.[4]

Tocar Guitarra

SUI

Sui, Hexagrama 17, que denota Seguir, relaciona-se com "Tocar Guitarra (*direita*)". O trigrama superior, *Tui*, pode significar alegre ou de formato oval. O trigrama inferior *Chên* tem às vezes o significado de incitante ou pé. O trigrama nuclear superior, *Sun*, pode denotar madeira ou corda de instrumento musical. O trigrama nuclear inferior, *Ken*, significa, às vezes, pernas, braços, mãos ou dedos.

Combinando os diversos elementos do hexagrama, descobrimos uma imagem de "Tocar Guitarra (*direita*)". *Tui* sugere uma atividade alegre, como é tocar um instrumento. O trigrama nuclear *Sun* sugere o "pi'pa", um antigo instrumento de cordas chinês dedilhado como uma guitarra e construído principalmente de madeira. *Ken* indica os dedos do guitarrista.

Além disso, como sugere a forma oval, *Tui* significa as mãos do combatente, à medida que se move para uma posição forte, dobrando vigorosamente o braço do adversário. O trigrama inferior *Chên* sugere uma postura firme. O pé é incitado, tocando levemente o chão e pronto para chutar.

O lutador de T'ai Chi usa duas mãos para dobrar os braços do adversário, como diz a segunda linha:

Ligando-se ao pequeno menino, perde-se o homem forte.[5]

Dar um Passo à Frente e Golpear com o Ombro

TA CHUANG

"Dar um Passo à Frente e Golpear com o Ombro" é tirada do Hexagrama 34, *Ta Chuang*, que simboliza o Poder do Grande. Os tri-

79

gramas primários são *Chên*, que significa incitar ou trovão, e *Ch'ien*, que significa forte, móvel ou para a frente. O trigrama nuclear inferior também é *Ch'ien*. O superior é *Tui*. As quatro linhas fortes inteiras predominam no interior e na parte inferior do hexagrama. O movimento de "Dar um Passo à Frente e Golpear com o Ombro" sugere um bode dando uma cabeçada numa cerca ou algum objeto semelhante. Dessa forma, as linhas no *I Ching* evocando o bode também evocam essa forma. Acrescente-se também que *Tui*, o trigrama nuclear superior, denota bode como um de seus múltiplos significados. Como diz a terceira linha:

> O homem inferior age através do poder
> O homem superior não age assim...
> Um bode arremete contra uma cerca
> e prende seus chifres.

Usar "Dar um Passo à Frente e Golpear com o Ombro" como técnica de autodefesa exige precisão na mira. Se o corpo do lutador estiver mal posicionado, o movimento não será eficaz. Como afirma a Imagem:

> Assim o homem superior não trilha caminhos
> que não estão de acordo com a ordem vigente.[6]

A Garça Branca Abre as Asas

PI

A forma do T'ai Chi Ch'uan "A Garça Branca Abre as Asas" baseia-se no Hexagrama 22, *Pi*, que significa Graciosidade – beleza da forma. O trigrama superior, *Ken*, denota mão ou asa. O trigrama inferior, *Li*, pode significar pássaro ou olho. Nessa forma, as mãos transformam-se nas asas da garça e uma delas é colocada acima dos olhos.

O trigrama nuclear superior, *Chên*, sugere movimento, pés ou floresta. Quando todas as suas linhas mudam, *Chên* transforma-se em *Sun*. Combinando *Sun* e *Li* temos a imagem de um pássaro branco. O hexagrama nuclear inferior, *K'an*, evoca a imagem da água. Assim, o hexagrama dá a imagem de um pássaro aquático selvagem nos arredores de uma floresta, que é o pássaro branco deste movimento de T'ai Chi.

A quarta linha do Hexagrama 22 menciona um cavalo branco que vem como que voando. Mas o hexagrama em si sugere um pássaro que voa, não um cavalo. A criatura voadora do hexagrama, com uma das asas (*Ken*) em cima e a outra embaixo, lembra na verdade a postura "A Garça Branca Abre as Asas".

Roçar o Joelho e Empurrar

KU

Ku, o Hexagrama 18, relaciona-se com "Roçar o Joelho e Empurrar". O hexagrama significa Deterioração.* Mais especificamente, *Ku* significa trabalhar naquilo que se deteriorou, para remover a fonte da deterioração. *Ken*, o trigrama superior, significa mão, perna ou montanha. O trigrama inferior, *Sun*, significa vento, suave ou salgueiro. O trigrama nuclear superior é *Chên*, que sugere movimento; o trigrama nuclear inferior é *Tui*. As imagens combinadas dos trigramas dão a imagem de um homem dando um passo à frente e empurrando. A Imagem que o *I Ching* dá para *Ku* afirma: "O vento sopra na base da montanha", uma outra maneira de sugerir "Roçar o Joelho e Empurrar".[7] A montanha, naturalmente, deriva de *Ken*. O trigrama inferior, *Sun*, governa a

---

* "Trabalho sobre o que se deteriorou", no texto da tradução brasileira do *I Ching* usada na transcrição das citações desta tradução (N. do T.).

81

maneira de realizar a forma: ela é executada suavemente, como o vento soprando de encontro a um salgueiro.

"Roçar o Joelho e Empurrar" é usado em autodefesa como bloqueio contra um chute ou soco do adversário. Ao fazer o bloqueio, o lutador aponta com os dedos da mão direita a garganta do adversário.

Dar um Passo à Frente e Dar um Soco

YU

"Dar um Passo à Frente e Dar um Soco" vem do Hexagrama 16, *Yu*, o qual denota Entusiasmo. O trigrama superior é *Chên*, com o significado de trovão, movimento e força. O trigrama inferior, *K'un*, significa terra ou ventre. A quarta linha, a linha forte do hexagrama, é como um punho colocado no nível da cintura. O trigrama nuclear superior é *K'an*, que significa água ou coração. Trata-se de um trigrama apropriado para esse movimento, no qual o lutador dá um soco no coração do adversário. O trigrama nuclear inferior, *Ken*, representa pernas e braços, assim como montanha. A perna em "Dar um Passo à Frente e Dar um Soco" fica firme como uma montanha.

Chên com freqüência significa pé. Relacionado a este movimento de T'ai Chi significa dar um passo à frente, o que se realiza num movimento fluido, como o da água corrente. *K'an* significa arco. A linha sólida *yang* é como um arco, significando o soco disparado como uma flecha de um arco esticado.

Na prática do T'ai Chi Ch'uan, esse movimento como um todo flui como *K'an*, a água, e é suave como *K'un*, o solo ou terra. Entretanto, quando "Dar um Passo à Frente e Dar um Soco" é usado numa luta, é rápido como um arco e poderoso como o trovão. É claro que um movimento ofensivo desse tipo é usado somente para responder a um ataque previamente desfechado por um adversário. Como todas as técnicas do T'ai Chi Ch'uan, este movimento não deve ser usado agressivamente, embora possa ser empregado na autodefesa.

Cruzar as Mãos

MING I

O Obscurecimento da Luz, o tema do Hexagrama 36, *Ming I*, é também o tema de "Cruzar as Mãos". O trigrama superior do hexagrama é *K'un*, o receptivo, terra. O trigrama inferior, *Li*, significa fogo, assim como luz, e significa o sol mergulhando abaixo da terra. O trigrama nuclear superior é *Chên*, que significa movimento ou trovão. As três linhas interrompidas do trigrama superior significam que as duas mãos estão separadas quando o movimento se inicia. *Li*, com sua linha interrompida entre duas linhas inteiras, simboliza as mãos cruzadas, a posição-alvo deste movimento. Como diz o *Livro das Mutações*:

> Seis na sexta posição significa:
> Não há luz, porém há escuridão.
> Primeiro ele galgou ao céu,
> depois precipitou-se nas profundezas da terra.

As mãos elevam-se e então descem para cruzar-se, no final do movimento, em frente ao peito.

O "Início do T'ai Chi Ch'uan" deriva do hexagrama precedente, *Chin*, o sol elevando-se da terra. Em contraste, "Cruzar as Mãos", que marca o final da primeira seção, deriva de *Ming I*, que significa o sol afundando-se na terra.

Assim a Imagem exprime isso:

> Assim, o homem superior convive com o povo.
> Ele oculta seu brilho e apesar disso ainda resplandece.[8]

Trazer o Tigre à Montanha

KEN

O Hexagrama 52 do *I Ching*, *Ken*, que significa A Quietude, Montanha,* relaciona-se com "Trazer o Tigre à Montanha". Os trigramas superior e inferior são, ambos, *Ken*, e podem significar braço ou mão. O trigrama nuclear superior, *Chên*, significa abraçar. O trigrama *Ken* também significa tigre e montanha. Assim, o hexagrama dá a imagem de um tigre abraçado e de alguma forma relacionado a uma montanha. O trigrama nuclear inferior é *K'an*, água. Ao realizar esse movimento, o praticante de T'ai Chi parece derrubar o tigre e depois deixá-lo retornar à montanha. De outra maneira, ele estará em perigo. O Comentário Sobre a Decisão diz:

> Parar quando é chegado o momento de parar.
> Avançar quando é chegado o momento de avançar.
> Deste modo o movimento e o repouso não perdem o momento correto.

"Trazer o Tigre à Montanha" é o começo da segunda seção do T'ai Chi Ch'uan. Às vezes o praticante pára antes desta forma. Quando sente-se pronto para avançar, avança. O estudante experiente descansa ou continua no momento correto.

> Montanhas próximas umas das outras:
> a imagem da QUIETUDE.
> Assim, o homem superior não deixa seus pensamentos
> irem além da situação em que se encontra.[9]

* Na tradução inglesa do *I Ching* de Wilhelm, o nome do Hexagrama 52 é *"Keeping Still"*, que pode ser literalmente traduzido por "Mantendo-se quieto" ou "Mantendo-se imóvel" (N. do T.).

O Punho sob o Cotovelo

I

"O Punho sob o Cotovelo" deriva do Hexagrama 27, *I*, que denota As Bordas da Boca (Prover Alimento). O hexagrama é construído de *Ken*, o trigrama superior, que significa mão ou dedos, e *Chên*, que indica os pés, movimento ou incitar. Ambos os trigramas nucleares são *K'un*, significando ventre, corpo ou escondido. Nessa forma, um dos pés apóia-se levemente no chão, sobre o calcanhar no chão, como sugere o trigrama inferior, *Chên*, um pé prestes a levantar instantaneamente, a chutar assim que necessário.

Lê-se na Quarta Linha: "Espreitando em torno com o olhar cortante de um tigre numa avidez insaciável."[10] Essas palavras sugerem o espírito da forma, que envolve uma atenção escrupulosa aos movimentos do adversário, enquanto o lutador espera uma abertura para desfechar um golpe súbito com o punho, o pé ou a palma da mão aberta. Esses golpes poderiam ser desfechados simultaneamente por um mestre de T'ai Chi muito avançado.

Dar um Passo para Trás e Repelir o Macaco

TUN

Retirada, a essência do Hexagrama 33, *Tun*, é também a essência de "Dar um Passo para Trás e Repelir o Macaco". O trigrama superior, *Ch'ien*, indica movimento. O trigrama inferior, *Ken*, significa macaco, atrás, parar e montanha. Combinando os dois trigramas encontramos mover-se ou dar um passo para trás, como um dos significados possíveis para o hexagrama. *Ken* também sugere parar, ou repelir, assim como macaco. Essa combinação dá a forma inteira, "Dar um Passo para Trás e Repelir o Macaco". O trigrama nuclear superior, *Ch'ien*, significa energia. O trigrama nuclear inferior, *Sun*, significa suave. Juntos, implicam aplicação suave de energia. Como diz a Imagem:

> Montanha abaixo do céu: a imagem da RETIRADA.
> ... não com raiva, porém com reserva.

O Comentário Sobre a Decisão leva à interpretação adiante: " 'A RETIRADA. Sucesso'. Isso significa que o sucesso jaz na retirada." As implicações desse tema são exploradas no Livro III do *I Ching*.

O segredo do T'ai Chi Ch'uan repousa na sua recusa em usar a força contra a força. "Retirar-se e esperar o tempo certo para o contra-ataque" é a essência da autodefesa de acordo com o T'ai Chi.[11]

O Vôo Oblíquo

HUAN

Huan, o Hexagrama 59, que significa Dissolução, está relacionado com "O Vôo Oblíquo". O trigrama superior, *Sun*, conota vento, penetração, suavidade. O trigrama inferior, *K'an*, implica em água, ouvido, ou arco. O trigrama nuclear superior é *Ken*, significando perna, mão ou têmpora. O trigrama nuclear inferior é *Chên*, que significa pé ou movimento. Tomando movimento (de *Chên*) e perna (de *Ken*) temos um passo à frente. A mão, como sugere *Ken*, move-se (*Chên*) para golpear o ouvido (*K'an*) ou a têmpora (*Ken*) do adversário.

Outra interpretação deriva de um significado alternativo do trigrama *Sun*: galinha. *K'an*, mais uma vez, indica água ou rio. Uma galinha, voando obliquamente para as margens lamacentas de um rio, voará baixo e deverá continuar sua trajetória até encontrar chão seco, para não se afogar.

A Agulha no Fundo do Mar

HSIAO KUO

"A Agulha no Fundo do Mar" é tirada do Hexagrama 62, *Hsiao Kuo*, que significa Preponderância do Pequeno. Tomando os pares de linhas interrompidas e inteiras como uma linha inteira entre duas interrompidas, obtemos o *Grande K'an*, que indica um corpo de água. Ondas encapeladas uma sobre a outra são o significado das linhas interrompidas duplas no alto de *Hsiao Kuo*. As linhas interrompidas inferiores significam profundezas insondáveis. Juntos, esses dois elementos dão uma imagem do mar.

O trigrama nuclear inferior, *Sun*, implica comprido, reto ou fio. O trigrama nuclear superior, *Tui*, significa metal e sugere uma agulha. Combinando essas duas impressões temos a forma "A Agulha no Fundo do Mar".

O trigrama superior de *Hsiao Kuo* é *Chên*, significando movimento, incitar ou pé. O inferior, *Ken*, significa perna ou imóvel. O hexagrama nuclear é *Ta Kuo* (n.º 28), significando Preponderância do Grande. De acordo com a Imagem desse hexagrama, "O lago sobrepassa as árvores".[12] A água sobe acima das árvores, compridas e retas (*Sun*). A água subiu acima de *Sun*. A agulha mergulhou para o fundo do mar.

Movimentar os Braços como um Leque

TA CH'U

"Movimentar os Braços como um Leque" vem do Hexagrama 26, *Ta Ch'u*, que significa O Poder de Domar do Grande. O trigrama

87

superior é *Ken*, significando pequeno e mão, e o inferior é *Ch'ien*, que significa forte, firme ou grande. Um leque de dobrar, por exemplo, pode ser ao mesmo tempo pequeno e grande. O trigrama nuclear superior, *Chên*, significando movimento ou bambu, dá mais substância à imagem das mãos (de *Ken*) movendo-se como um leque chinês. O trigrama nuclear inferior, *Tui*, significa ferimento. Uma das mãos é mais usada do que a outra no ataque ao adversário.

O trigrama primário inferior, *Ch'ien*, significa forte ou firme, sugerindo a postura do praticante de T'ai Chi Ch'uan. Suas duas mãos elevam-se como o trigrama nuclear superior, *Chên*. *Ken*, o trigrama superior, também significa montanha. A Imagem, "O céu no interior da montanha", dá a essência da forma: as mãos movimentam-se para cima, na direção do céu.[13]

Virar o Corpo e Golpear com o Punho para Trás

TA KUO

O Hexagrama 28, *Ta Kuo*, que significa Preponderância do Grande, está relacionado com "Virar o Corpo e Golpear com o Punho para Trás". O trigrama superior, *Tui*, indica lago ou esmagar. O trigrama inferior *Sun* significa suave ou vento. Os trigramas nucleares, tanto o superior quanto o inferior, são *Ch'ien*, forte ou virada. Quando os trigramas nucleares são transformados em três linhas interrompidas, temos *K'un*, corpo. Tomados em conjunto, os trigramas evocam a imagem de um corpo virando. A linha interrompida no alto de *Tui* lembra um punho. De acordo com as linhas:

> Nove na terceira posição significa:
> A viga-mestra cede a ponto de se partir,

o que implica que o punho é arremessado para trás enquanto o corpo vira.

Ao usar essa Forma para autodefesa, quando o adversário vem por trás, o lutador de T'ai Chi gira o corpo, joga o punho para trás e desfecha um poderoso golpe na cabeça do oponente.

> Seis na sexta posição significa:
> É preciso atravessar a água.
> Esta chega a cobrir a cabeça.

Tui implica água, tanto quanto punho. O punho cai como chuva sobre a cabeça do adversário.

Ta Kuo, o hexagrama desta Forma, é o hexagrama nuclear de *Hsiao Kuo*, Hexagrama 62, relacionado com "A Agulha no Fundo do Mar". As linhas de *Hsiao Kuo* afirmam:

> Nove na terceira posição significa:
> Se ele não tiver uma extraordinária cautela
> alguém pode vir por trás e golpeá-lo.[14]

Golpear o Tigre

"Golpear o Tigre" origina-se do Hexagrama 42, *I*, o qual significa Aumento. O trigrama superior, *Sun*, denota suavidade ou vento. O trigrama inferior *Chên*, para o propósito desta análise, significa movimento, pé e incitar. O trigrama nuclear superior é *Ken*, denotando braço, tigre e têmpora. A tríade nuclear inferior é *K'un*, significando costelas ou quietude. Combinando os trigramas para braço e movimento, a significação é golpear. Adicionando a esta imagem o trigrama para tigre, temos a Forma do T'ai Chi "Golpear o Tigre".

Nove na sexta posição significa:
... Na verdade alguém vem a golpeá-lo.[15]

O golpe é desfechado com a suavidade implicada em *Sun* e *K'un*. Ao mesmo tempo em que um dos punhos (*Ken*) atinge a têmpora (outra vez *Ken*), o outro atinge as costelas (*K'un*).

Chutar com os Artelhos

MENG

Esta Forma e o Hexagrama 4, *Meng*, compartilham o tema A Insensatez Juvenil. O trigrama superior, *Ken*, significa braço, perna ou montanha. O trigrama inferior, *K'an*, significa perigo ou grilhões. O trigrama nuclear superior é *K'un*, significando corpo ou abdômen; o trigrama nuclear inferior é *Chên*, que significa pé e incitar. *Chên* sugere um pé em posição de chutar. *Ken* sugere que o outro pé, como uma montanha, está solidamente apoiado no chão.

O chute é dado abaixo do abdômen, na região genital (sugerida por *K'an*, água). As mãos levantam-se num bloqueio (sugerido pela estrutura de *Ken*) enquanto o chute é desfechado. Se o adversário agarrar o pé, usam-se os dois punhos para fazê-lo largar.

Nove na sexta posição significa:
Ao castigar a insensatez,
não é favorável cometer abusos.[16]

Essas linhas, escritas para elucidar o hexagrama, são adequadas para "Chutar com os Artelhos", usada com propósitos defensivos e nunca ofensivos.

Golpear os Ouvidos do Adversário com os Punhos

SHIH HO

Shih Ho, o Hexagrama 21, é a base para esta Forma. O significado do hexagrama é Morder.* O trigrama superior é *Li*, significando uma flecha e sugerindo, na disposição das suas linhas, dois punhos em posição paralela: "Forte fora, vazio dentro." O trigrama inferior é *Chên*, significando força ou movimento. O trigrama nuclear superior *K'an* significa ouvido e perigo. O trigrama nuclear inferior *Ken*, significando arco, braço, mão ou testa, combina-se com *K'an* para intensificar a imagem de golpear o ouvido ou a testa.

> Nove na sexta posição significa:
> O pescoço preso à canga de madeira
> de modo que as orelhas desaparecem.
> Infortúnio.[17]

A canga, um antigo instrumento de punição, consiste de duas peças de madeira que prendem o pescoço.

Juntos, o trigrama primário superior, *Li*, e o trigrama nuclear superior, *K'an*, formam a imagem do arco-e-flecha. O trigrama nuclear inferior, *Ken*, pode significar pernas e, neste caso, indica um passo. O passo tem como resultado um pé colocado à frente, curvado como um arco, o outro para trás e reto como uma flecha. Assim esta forma é o passo do arco-e-flecha do T'ai Chi.

* Na tradução inglesa do *I Ching*, de Cary F. Baynes, o nome do Hexagrama 21 é *"Biting Through"*, ou "morder através". Em seus comentários, Richard Wilhelm explica o nome do hexagrama dizendo que "... é necessário morder energicamente através... [de um] obstáculo." (N. do T.).

Virar o Corpo e Chutar

WU WANG

A Forma "Virar o Corpo e Chutar" origina-se do Hexagrama 25, *Wu Wang*, Inocência. O trigrama superior, *Ch'ien*, significa céu, força, energia e virar. O inferior, *Chên*, significa movimento, pé e incitar. O trigrama nuclear superior é *Sun*, significando vento ou suavidade. O trigrama nuclear inferior é *Ken*, que significa firmeza, pé ou montanha.

O hexagrama dá a figura de "Virar o Corpo e Chutar". O corpo do praticante (*K'un*, derivado da transformação das linhas de *Ch'ien*) vira (*Ch'ien*) e chuta (*Chên*) suavemente (*Sun*), como um vento leve. *Ken* indica uma perna firmemente plantada, como uma montanha. De acordo com a Imagem de *Wu Wang*, "Embaixo do céu está o trovão."[18] Quando usada na autodefesa, a energia desse movimento pode ser comparada à do trovão.

Mover as Mãos como uma Nuvem

CHUN

Esta forma relaciona-se com o Hexagrama 3, *Chun*, Dificuldade Inicial. O trigrama superior, *K'an*, significa água, nuvem e roda. O trigrama inferior, *Chên*, significa trovão, onda ou cavalo. O trigrama nuclear superior é *Ken*, significando mãos, braços ou pernas. O trigrama nuclear inferior é *K'un*, indicando ventre ou corpo.

"Mover as mãos como uma Nuvem" é construído a partir dos elementos compostos do hexagrama. Nuvem vem de *K'an*. As mãos (*Ken*) giram (*Chên*) como ondas de água (*K'an*) ou uma roda (*K'an*). As mãos em movimento cruzam o ventre (*K'un*), movendo-se pacificamente como nuvens flutuando no céu.

> Nuvens e trovão: a imagem da DIFICULDADE INICIAL.
> Assim, o homem superior atua desembaraçando e pondo em ordem.*

A postura das pernas neste movimento sugere um homem montado em um cavalo:

> Seis na segunda posição significa:
> As dificuldades se acumulam.
> O cavalo e a carroça se separam.[19]

A Serpente que Rasteja

SHIH

O Hexagrama 7, *Shih*, que significa o Exército, governa "A Serpente que Rasteja". O trigrama superior, *Kun*, significa ventre, corpo ou terra. O trigrama inferior, *K'an*, significa água ou serpente. O trigrama nuclear superior também é *K'un*. O trigrama nuclear inferior é *Chên*, que significa movimento e incitar.

A postura das pernas neste movimento sugere uma serpente (*K'an*) rastejando sobre a terra (*K'un*). O corpo do lutador se abaixa de forma tal que o ventre (*K'un*) fica próximo dos calcanhares.

A Imagem de *Shih* diz:

> No meio da terra está a água.

---

* O texto da versão inglesa de Cary F. Baynes para a Imagem do Hexagrama 3 é ligeiramente diferente: "... the superior man / brings order out of confusion", ou "o homem superior traz a ordem a partir da confusão" (N. do T.).

93

Esta forma envolve uma espécie de retirada dos golpes dados com a mão ou com o pé pelo adversário. É um sutil afundamento para trás, como uma retirada estratégica comandada por um general cauteloso.

<blockquote>Seis na quarta posição significa:
O exército retrocede. Nenhuma culpa.</blockquote>

De acordo com a interpretação dessa linha, "Quando diante de um inimigo superior, contra o qual a luta seria inútil, uma retirada ordenada seria a única medida acertada, porque através dessa retirada o exército evitaria a derrota e a desintegração. Não é de modo algum uma prova de coragem ou força insistir, apesar das condições, em lançar-se numa luta inútil."

O movimento seguinte, "O Galo Dourado Sobre uma Perna", é mais ofensivo. Dessa maneira, o propósito dessa retirada é capacitar-se a avançar mais tarde com mais sucesso.[20]

O Galo Dourado sobre uma Perna

CHUNG FU

"O Galo Dourado sobre uma Perna" deriva do Hexagrama 61, *Chung Fu*, Verdade Interior. A tríade superior, *Sun*, significa galinha ou galo (como no movimento "O Vôo Oblíquo"), assim como suavidade ou vento. *Tui*, o trigrama inferior, significa dourado. O trigrama nuclear inferior é *Chên*, pé ou incitar, enquanto o superior é *Ken*, perna, mão ou montanha. Os trigramas nucleares descrevem esse movimento: uma das pernas eleva-se para golpear com o joelho (*Chên*) e o outro fica firmemente plantado no solo como uma montanha (*Ken*). As tríades nucleares tomadas em conjunto sugerem que as mãos são mantidas acima da perna.

94

Acariciar o Cavalo com a Mão Erguida

LU

Esta forma vem do Hexagrama 56, *Lu*, que significa o Viajante. *Li*, o trigrama superior, significa "vazio dentro, forte fora", assim como cavalo e fogo. *Ken*, o trigrama inferior, significa manter-se imóvel, montanha, braço ou pancadinha. O trigrama nuclear superior, *Tui*, significa oval ou ferir. O trigrama nuclear inferior, *Sun*, significa vento, suavidade ou alto. Combinando os trigramas obtemos Alto (*Sun*), Pancadinha (*Ken*), no Cavalo (*Li*), suavemente (*Sun*).* Trabalhando neste movimento, o estudante coloca uma das mãos ligeiramente acima da outra, de maneira a deixar um espaço entre elas. Dessa forma, a mão de cima pode golpear subitamente a garganta do adversário, alcançando o arco sugerido por *Tui*, e ferindo o adversário como o mesmo trigrama indica. Enquanto isso, a mão que está embaixo agarra a mão do oponente (*Ken*).

Separar os Pés e Chutar

CHÊN

O Incitar (Comoção, Trovão) é o tema desta forma e do Hexagrama 51, *Chên*. Tanto o trigrama inferior quanto o superior são *Chên*, sig-

---

* No original, o nome desta forma é *"High Pat on Horse"*, ou, literalmente, "tapinha leve alto no cavalo". Em vez de tentar traduzir, ou adaptar esse nome, optei por utilizar uma variação do nome dado à mesma forma por Catherine Despeux em seu livro sobre T'ai Chi Ch'uan (Despeux, Catherine – *Tai-Chi Chuan – Arte marcial, técnica da longa vida*, trad. Octavio Mendes Cajado, 3ª ed., 1991, Editora Pensamento, São Paulo). A autora chama essa forma de "Com a mão erguida, acariciar o cavalo" (N. do T.)

nificando incitar, movimento e pé. O trigrama nuclear superior, *K'an*, significa água corrente ou perigo.

Os trigramas primários (*Chên*) e o trigrama nuclear inferior (*Ken*) sugerem os movimentos de mão e perna da seguinte forma. Um dos pés equilibra-se para chutar (*Chên*), o outro apóia-se solidamente no chão (*Ken*). O chute é dado de uma forma fluida, como a água (*K'an*).

A imagem do hexagrama declara:

> Trovão repetido: a imagem da COMOÇÃO.[21]

"Separar os Pés e Chutar", quando realizado no treino, é como a água corrente (*K'an*). Mas em autodefesa, o movimento transforma-se no trovão (*Chên*) vindo das mãos e dos pés. O chute, aplicado na canela do adversário, provoca neste o choque do estrondo de um trovão.

Dar um Passo à Frente e Dar um Soco no Baixo-ventre do Adversário

CH'IEN

"Dar um Passo à Frente e Dar um Soco no Baixo-ventre do Adversário" encontra sua base no Hexagrama 15, *Ch'ien*, que significa Modéstia. O trigrama superior, *K'un*, denota terra, ventre ou abdômen. O trigrama inferior, *Ken*, significa montanha, perna ou braço. O trigrama nuclear superior é *Chên* e significa movimento ou força. O trigrama nuclear inferior é *K'an*, água ou perigo.

A terceira linha de baixo para cima, a linha mais alta em *Ken*, significa um punho. Sendo a única linha forte do hexagrama, coloca-se abaixo do abdômen (*K'un*). O trigrama nuclear inferior, *K'an*, significa a área genital, um lugar de perigo quando alguém é atacado.

Tomados em conjunto, os trigramas significam dar um passo à frente para dar um soco abaixo do abdômen.

Modéstia é o caráter deste hexagrama. Indica a postura suave e não-agressiva do T'ai Chi Ch'uan. Isso não significa, é claro, que o praticante de T'ai Chi deve eximir-se de usar a força quando se exige força.

> Seis na quinta posição significa:
> ... É favorável atacar com violência.

De acordo com o *I Ching*, força é usada "para castigar os desobedientes".[22]

A Donzela Trabalha à Lançadeira

CHIEH

O Hexagrama 60, *Chieh*, relaciona-se com esta forma. *Chieh* significa Limitação. O trigrama superior, *K'an*, significa água, virar ou roda. O trigrama inferior, *Tui*, indica uma donzela. O trigrama nuclear superior é *Ken*, que significa montanha, braço, perna ou mão. O trigrama nuclear inferior é *Chên*, significando movimento, força ou madeira, e sugerindo a madeira que se move numa lançadeira. *Chên* também significa cortar e esquerda. Combinados com *Tui*, que também significa direita e de forma oval, esses trigramas estabelecem a imagem de uma lançadeira movimentando-se da esquerda para a direita.

Ao executar essa forma, o corpo do praticante gira seguidamente, como uma roda d'água (sugerida por *K'an*). O corpo gira um total de quatro vezes, o número das estações do ano. O Comentário sobre *Chieh* inclui essas apropriadas palavras: "O céu e a terra têm suas limitações e as quatro estações surgem."[23]

As viradas de corpo nesta forma devem ser realizadas suavemente, como água corrente (*K'an*). Quando usada para propósitos defensivos, uma das mãos faz o bloqueio e a outra empurra para a frente ofensivamente.

Dar um Passo à Frente, Sete Estrelas

FENG

"Dar um Passo à Frente, Sete Estrelas" origina-se do Hexagrama 55, *Feng*, Abundância. O trigrama superior, *Chên*, significa pé ou incitar. O trigrama inferior, *Li*, significa fogo, sol ou olho. O trigrama nuclear superior é *Tui*, que significa ferir. O trigrama nuclear inferior é *Sun*, suavidade ou força.

Um pé, em conformidade com *Chên*, é incitado e fica pronto para chutar. A única linha interrompida de *Tui* simboliza os dois punhos em frente ao peito. *Sun* significa que os movimentos desta forma são executados suavemente. *Li* significa o sol, a estrela do nosso sistema solar. Quando se lê no Julgamento "Seja como o sol ao meio-dia", isso se refere aos dois punhos no meio do peito.

> Seis na segunda posição significa:
> ... que se pode ver a estrela polar* ao meio-dia.

As estrelas polares são uma constelação de sete estrelas, e o fato de serem mencionadas aqui relaciona o hexagrama ao movimento "Dar um Passo à Frente, Sete Estrelas".

O trigrama nuclear inferior, *Sun*, pode também significar para a frente e para trás. "... é o avanço e o recuo...". O Comentário sobre o hexagrama destaca o fluxo de expansão e declínio dos eventos da natureza: "Quando o sol se encontra ao meio-dia, começa a se pôr; quando a lua está cheia, começa o minguante." Isso leva a "Cavalgar o Tigre até a Montanha", uma forma de retirada.[24]

* A tradução inglesa do *I Ching* de Wilhelm, fala, nesta linha, em *"polestars"*, ou "estrelas polares", o que explica a frase que se segue no texto (N. do T.)

Cavalgar o Tigre até a Montanha

CHIEN

Chien, o Hexagrama 53, é a base, no *I Ching*, para "Cavalgar o Tigre até a Montanha". O hexagrama significa Desenvolvimento. O trigrama superior, *Sun*, significa suavidade e vento. O trigrama inferior, *Ken*, significa montanha, braço, perna e tigre. O trigrama nuclear superior é *Li*, significando flecha, e o trigrama nuclear inferior é *K'an*, significando arco. A linha interrompida de *Sun* simboliza as duas pernas do estudante. Com os significados montanha e tigre de *Ken*, os dois trigramas juntos produzem essa forma do T'ai Chi.

Virar o Corpo e Dar o Chute do Lótus

WEI CHI

Este movimento é tirado do Hexagrama 64, *Wei Chi*, Antes da Conclusão. O trigrama superior, *Li*, significa sol, fogo e olhos. O trigrama inferior, *K'an*, significa água, roda, virada e demônio. O trigrama nuclear superior também é *K'an* e o inferior é *Li* novamente. Vire (*K'an*) o corpo inteiro como uma roda (*K'an*).

> Nove na quarta posição significa:
> A perseverança traz boa fortuna.
> O arrependimento desaparece.
> Comoção, para castigar a terra do diabo.[25]

Comoção refere-se ao chute, desfechado contra a seção média do corpo do adversário. *K'an* também significa rins, que são conhecidos neste sistema taoísta como "a Terra do Diabo".

Atirar no Tigre

HSIEH

Liberação, o significado do Hexagrama 40, *Hsieh*, é a base lógica de "Atirar no Tigre". O trigrama superior, *Chên*, significa movimento, força, trovão e pé. O trigrama inferior, *K'an*, significa água, roda, arco, chuva e perigo. O trigrama nuclear inferior é *Li*, significando flecha.

Combinando *Li* e *K'an*, temos a imagem do arco e da flecha. *Chên*, quando invertido, transforma-se em *Ken*, que tem os significados de tigre e braço. E esses trigramas dão a imagem de atirar no tigre. Os dois punhos são pressionados para a frente (de *Chên*, movimento). *Li* significa que as flechas são apontadas para a têmpora e as costelas do adversário. De acordo com o Comentário sobre a Decisão de *Hsieh*: "O perigo (*K'an*) gera o movimento (*Chên*). Através do movimento escapa-se do perigo: isso é a liberação."[26]

Rodar o Punho

TING

"Rodar o Punho" é tirada do Hexagrama 50, *Ting*, o Caldeirão. O trigrama superior, *Li*, significa arma, olhos e sugere o aforismo "Forte fora, vazio dentro". O trigrama inferior, *Sun*, significa madeira, suavidade e força. O trigrama nuclear superior é *Tui*, que significa golpe ou queda violenta, ferimento ou direita. O trigrama nuclear inferior é *Ch'ien*.

Nesta forma, os punhos são sugeridos pela linha mais alta de *Tui*. O trigrama inferior, *Sun*, indica os dois pés firmemente plantados no chão. O praticante gira o punho para golpear (*Tui*) a cabeça (*Ch'ien*) do adversário.

No final da segunda seção, repete-se a forma "Cruzar as Mãos", baseada no Hexagrama 36, *Ming I*. O retorno a *Ming I*, Escurecimento da Luz, significa que essa seção de movimentos pode ser comparada ao ciclo do sol, que se move de um horizonte a outro. Para concluir a seção, a Forma 1, repete-se o "Início do T'ai Chi Ch'uan", derivado de *Chin* (o sol levantando-se). Todo o ciclo de movimentos pode então ser repetido desde o começo, o sol nascendo e se pondo novamente.

CHIN

MING I

V

T'AI CHI CH'UAN USADO PARA AUTODEFESA

Descobri que há muitos equívocos sobre o uso do T'ai Chi Ch'uan para a autodefesa. Os ocidentais normalmente consideram o T'ai Chi como sendo apenas um exercício para a saúde, ou então assumem que se trata somente de uma variação do Karatê ou do Judô. O sistema do T'ai Chi Ch'uan contém efetivamente formas de autodefesa originárias da competição taoísta com a forma budista de boxe Shiao-lin. Essa competição é abordada em muitas das antigas lendas e histórias da História chinesa.

Naturalmente a autodefesa envolve movimentos rápidos da mão e da perna que são muito mais rápidos do que os movimentos usados quando se pratica sozinho o T'ai Chi. Embora isso seja verdade, o espírito de autodefesa em T'ai Chi é idêntico ao espírito que se deve ter na execução das formas. É relaxado e suave, sem ansiedade ou orgulho. Seu sabor particular é exemplificado no aforismo do *I Ching* que diz: "Apenas através do divino pode-se apressar sem se precipitar e chegar à meta sem caminhar."[1] Até mesmo em autodefesa deve-se aprender a permanecer no Tao.

Depois de adquirir habilidade na prática das formas, o próximo passo é aprender a empurrar as mãos. Isso envolve as quatro formas fundamentais: "Empurrar para Cima", "Puxar para Trás", "Pressionar para a Frente" e "Empurrar para a Frente". Empurrar as mãos reforça ou corrige a execução das formas pelo estudante, sendo ao mesmo tempo o primeiro passo na prática da autodefesa. Torna o lutador mais equilibrado e maleável. Do contato efetivo com o adversário, apreendem-se as intenções deste.

Empurrar as Mãos – Simples

Dois oponentes ficam frente a frente, a dois passos de distância um do outro. Cada um deles dá um passo à frente sobre o pé direito e levanta o braço esquerdo de maneira tal que os pulsos dos oponentes tocam as palmas das mãos, voltadas para dentro na direção do peito. Em seguida, os braços descrevem um movimento circular, movendo-se para a frente e para trás com os pulsos ainda se tocando. Os pés esquerdos são, então, trazidos para a frente e as mãos esquerdas realizam um movimento similar.

Empurrar as Mãos – Duplo

Quando o segundo oponente (B) levanta seu braço direito para resistir ao primeiro oponente (A), A coloca as palmas de sua mão sobre o braço direito de B e empurra para a frente, contra o peito de B (Fig. 65). B levanta os braços com as palmas das mãos de A ainda coladas a seu braço direito. Agora, B está pronto para contra-atacar.

A empurra para a frente e desloca seu peso para o pé direito e coloca sua mão esquerda sobre seu próprio pulso direito, pressionando para a frente contra B (Fig. 66). B vira o corpo, desloca-se para a perna esquerda, levanta o braço direito, o cotovelo tocando o braço de A e então puxa para o lado esquerdo. A mão esquerda empurra o cotovelo de A, e a mão direita empurra seu pulso, continuando a empurrar e a pressionar para a frente.

Quando A é pressionado pelos movimentos à frente de B, desloca seu peso para a perna esquerda, levantando o braço direito, com o cotovelo tocando o braço de B (Fig. 67). Ao mesmo tempo, mergulha ligeiramente para trás, com o cotovelo virado para trás e para a esquerda, com o objetivo de neutralizar a força de *B*. Em seguida, a mão direita de *A* desce, passando em torno da mão direita de *B*, conduzindo-a para o lado. A mão direita de *A* cruza e empurra o pulso, enquanto a mão esquerda empurra o cotovelo ou o antebraço do adversário (Fig. 68).

Depois disso, empurre para a frente como na Fig. 65 e pressione para a frente como na Fig. 66.

Empurrar as Mãos – Duplo em Movimento

Na forma anterior de "Empurrar as Mãos", a parte inferior do corpo permanece fixa, enquanto a parte superior move-se para a frente e para trás. Em "Empurrar as Mãos em Movimento", os movimentos das mãos continuam, enquanto as pernas se movem para a frente e para trás em coordenação com os movimentos das mãos.

Fig. 65

Fig. 66

A e *B* empurram as mãos como descrito em "Empurrar as Mãos Duplo". Continuando esses movimentos, *A* dá um passo à frente e ao mesmo tempo *B* dá um passo para trás (*A* avança na direção de *B*, enquanto *B* recua). Isso se repete, a cada vez acrescentando-se um passo a mais. Três passos são suficientes.

Ta Lu

O próximo passo prático é chamado *Ta Lu*. Ao mesmo tempo em que *A* dá um passo para a frente e outro para o lado, *B* dá um passo para trás e recua um passo para o lado. Assim, todos os quatro cantos de um quadrado imaginário no interior do qual os oponentes estão praticando é coberto por seus passos. Ao lado dos movimentos de mão "Empurrar para Cima", "Puxar para Trás" e "Pressionar para a Frente", *Ta Lu* inclui

Fig. 67   Fig. 68

ainda outros movimentos. Completo, o *Ta Lu* consiste de oito movimentos correspondentes aos oito trigramas do *I Ching*.

Quando essas formas de autodefesa tiverem sido dominadas, o estudante pode começar a aprender o "Combate com as Mãos", também conhecido pelo nome de "Mão Separada". Trata-se de um sistema completo de combate com a mão, que consiste de oitenta e oito movimentos diferentes, com variações, utilizando cada uma das formas do T'ai Chi Ch'uan. Vários desses movimentos são demonstrados nas Figs. 69-74. O aprendizado passo-a-passo do T'ai Chi para a autodefesa compara-se com o aprendizado do *I Ching* que vai da compreensão dos oito trigramas ao domínio dos sessenta e quatro hexagramas e suas 384 linhas.

A Agulha no Fundo do Mar (Fig. 69)

Se o adversário atacar com o punho ou segurar o seu pulso, prenda o pulso dele e puxe-o para baixo, usando a força e o peso intrínsecos do seu tronco e pernas. Ele perderá o equilíbrio e cairá para a frente. Se ele resistir ou levantar os braços, use "Mover os Braços como um Leque" para levantar os braços dele e golpeie a cintura dele com a palma da mão esquerda.

A Serpente que Rasteja (Fig. 70)

Se o oponente golpear com o punho direito, pode-se usar "A Serpente que Rasteja" para escapar ao soco.

O Galo Dourado sobre uma Perna (Figs. 71, 72, 73)

Depois de recuar com a forma "A Serpente que Rasteja", uma das seguintes variações de "O Galo Dourado sobre uma Perna" pode ser usada no contra-ataque. Na Fig. 71, o braço esquerdo levanta o cotovelo do adversário, enquanto o joelho direito atinge seu baixo-ventre. Nas Figs. 72 e 73, o braço direito segura o braço do oponente para mantê-lo ao alcance, enquanto a mão esquerda dá uma estocada em seu pescoço. Simultaneamente, na Fig. 72, o pé direito chuta a perna do adversário, enquanto, na Fig. 73, o joelho direito é usado contra seu baixo-ventre.

Dar um Passo à Frente e Dar um Soco (Fig. 74)

Esta forma também pode ser adaptada para evitar um soco alto do adversário. O braço esquerdo levanta o braço do oponente pelo cotovelo, enquanto o punho direito dá um soco no seu abdômen. Ao mesmo tempo que o soco é desfechado, dá-se o passo, para aumentar o impulso à frente do braço que dá o soco.

Fig. 69

Fig. 70

Fig. 71 Fig. 72

Fig. 73

Fig. 74

109

VI

MEDITAÇÃO TAOÍSTA
E T'AI CHI CH'UAN

O objetivo mais elevado do taoísmo é atingir um estado de consciência que transcenda os limites da mortalidade que prendem a existência comum. Esse estado é o Tao. A realização do Tao pode ser compreendida somente após um longo processo de interiorização e concentração. O processo sutil da meditação taoísta é excessivamente complexo e varia de um mestre a outro. A precisão e o progresso resultante dependem do grau de iluminação do mestre que supervisiona o processo.

Pode-se pensar na meditação taoísta como um procedimento alquímico. Ela envolve o refino de uma substância psíquica em outra substância psíquica. O processo começa com *ching*, ou energia sexual. *Ching* é convertida em outra substância, *chi*, quando combinada com uma maneira determinada da respiração. A purificação de *chi* tem como resultado sua transformação em *shen*, ou espírito. No último estágio, *shen* é convertida em *shu*, ou vazio. O T'ai Chi Ch'uan dá uma imagem exterior das transformações interiores da meditação taoísta. Os movimentos de T'ai Chi são paradigmas do processo interior que ocorre na alquimia taoísta.

Quando se quer transformar um metal por meio da alquimia, normalmente é preciso esquentá-lo durante um certo tempo num recipiente especial. Repete-se o processo de aquecimento várias vezes. Então a substância purificada é transferida para um outro recipiente, onde é transformada de uma nova maneira. O alquimista costuma utilizar um fole para regular a temperatura e a intensidade do fogo.

O corpo do estudante de meditação taoísta pode ser comparado ao laboratório do alquimista. Os centros psíquicos, ou órgãos espirituais do corpo têm a mesma função dos recipientes na destilação alquímica. A respiração de quem medita pode ser comparada ao fole e o fluido psíquico ao elixir que é transferido de um recipiente a outro no laboratório.

Dessa maneira, temos em nosso laboratório corporal doze recipientes, ou centros psíquicos. No simbolismo taoísta, refere-se a esses centros como meses do ano ou constelações do zodíaco. Cada um desses pontos pode ser representado por um hexagrama do *I Ching*. O ponto na base da espinha, por exemplo, conhecido como *wei lu* ou Portão da Cauda, corresponde ao hexagrama *Fu*; o centro psíquico localizado no cérebro e conhecido por *ni wan* corresponde ao hexagrama *Ko*.

Quando a meditação começa, a energia sexual, ou *ching*, move-se ascendentemente para um ponto cerca de quatro centímetros abaixo do umbigo. Esse processo pode ser comparado ao do aquecimento de um caldeirão em um forno. O ponto é conhecido como *tan tien*. No *tan tien* começa o primeiro ciclo de purificação. Esse ciclo é conhecido como Circulação Celestial Menor e é elegantemente descrito pelo primeiro movimento do T'ai Chi Ch'uan.

A partir de uma posição ereta, com os joelhos ligeiramente curvos, os braços ao lado do corpo com as palmas das mãos voltadas para trás, as duas mãos são levantadas até o nível dos ombros e então lentamente pressionadas para baixo de volta à posição original, como se uma força invisível as estivesse puxando para cima e para baixo. Quando as mãos se levantam, o ar é inspirado, e quando se abaixam é exalado. Nesse movimento, *chi* é sentido como que subindo a partir do *tan tien* e em seguida descendo de volta para esse centro, quando os braços são levantados e abaixados. Ao inspirar, *chi* move-se para cima na parte frontal do corpo; ao expirar, move-se para baixo. Às vezes refere-se poeticamente a esse movimento de sobe-e-desce como à união de *Li* e *K'an*, fogo e água. *K'an*, que significa água, refere-se à região do baixo-ventre, conhecida como o Trono de Água. Também refere-se ao centro psíquico dessa região. *Li*, que significa fogo, refere-se, por outro, lado à região do coração e seu centro espiritual correspondente. A paixão, que brota da região do coração, pode ser apropriadamente comparada ao fogo – e essa região é muitas vezes conhecida como Trono do Fogo. Dessa maneira, o primeiro movimento de T'ai Chi descreve um processo de ascensão e descenso entre essas duas regiões até que o elixir escorre de volta para dentro do *tan tien*. Agora, a substância sutil está pronta para a nova etapa de purificação, conhecida como Circulação Celestial Maior.

A Circulação Celestial Maior é um ciclo de purificação que faz *chi* passar através de todos os centros psíquicos. *Ching* já foi transformado em *chi*, por meio de sua mistura com a respiração durante a Circulação Celestial Menor. Agora, *chi* precisa passar pelos dois canais principais: um na parte frontal do corpo, conhecido como *Jen Mu*, ou "curso involuntário"; e outro nas costas, chamado *Tu Mu*, ou "curso controlado". *Tu Mu* compreende os centros psíquicos conhecidos respectivamente por *wei lu* (na extremidade da espinha); *shun fu* (ligeiramente abaixo do meio da espinha); *hsuan shu* (no meio da espinha); *chai chi* (ligeiramente acima do meio da espinha); *t'ao tao* (abaixo da nuca); *yu chen* (na parte posterior da cabeça); *ni wan* (no topo da cabeça), e *ming t'un* (entre as sobrancelhas). *Tu Mu* termina no lábio superior. *Jen Mu* começa no lábio inferior e passa através de *t'an chung* (no peito); *chung huan* (acima do umbigo); *shen cheh* (no umbigo), e *ch'i hai* (mais ou menos oito centímetros abaixo do umbigo).

A Circulação Celestial Maior é capturada na forma do T'ai Chi Ch'uan "Dar um Passo para Trás e Repelir o Macaco". Nessa forma, o movimento de *chi* é descrito pelo movimento das mãos do praticante. A mão direita cai para a região da coxa, move-se para trás e sobe até o topo da cabeça, sendo então empurrada para a frente e para baixo, retornando ao ponto de partida. A mão esquerda descreve os mesmos movimentos. Entretanto, quando a mão direita está no alto da cabeça, a mão esquerda encontra-se na região da coxa. A relação das duas mãos pode ser pensada como a de dois eixos diametralmente opostos de uma roda, enquanto o movimento da própria roda significa a órbita de *chi* através da Circulação Celestial Maior.

Não são apenas essas as órbitas usadas em meditação com o propósito de purificar o elixir. O T'ai Chi Ch'uan descreve várias outras órbitas. Uma série de formas que começam com "A Garça Branca Abre as Asas", por exemplo, ilustra um movimento relacionado com a Circulação Celestial Menor, mas mais extenso. Ao executar o movimento da "Garça Branca", a mão direita do estudante guia o *chi* do *tan tien*, no abdômen, ao *ming t'ung*, o centro existente entre os olhos. Em seguida, a mão direita traz de novo para baixo o *chi* até o abdômen. A circulação de *chi* continua na forma seguinte, "Roçar o Joelho e empurrar", onde *chi* é trazido para baixo do abdômen, até a região genital e em seguida para cima, mais uma vez, até atingir o centro da garganta. O *chi* é trazido para baixo de novo, na forma "A Agulha no Fundo do Mar", até a região genital. E depois é levantado, quando as mãos se separam em "Movimentar os Braços como um Leque". Nesta forma, *chi* é trazido de volta através de *ming t'ung*, através de *ni wan* até o topo da cabeça e para baixo outra vez.

Outra órbita do *chi* é demonstrada pelo movimento "Mover as Mãos como uma Nuvem". Em meditação essa órbita é concebida no interior de um plano dentro da barriga. Na forma de T'ai Chi, a mão esquerda guia o *chi* da parte superior do lado esquerdo para a região inferior do lado direito do corpo. Então a mão direita começa da parte inferior à esquerda e movimenta-se, num círculo gracioso, para o lado direito superior e em seguida outra vez para baixo e para a direita.

Se "Mover as Mãos como uma Nuvem" descreve uma órbita incomum do *chi* na parte frontal do ventre, a forma "A Donzela Trabalha à Lançadeira" descreve uma órbita da mesma forma incomum que circula da parte frontal do ventre para as costas. Em seguida, a própria órbita gira em seu eixo e o *chi* toma um curso semelhante mas em direção oposta através de todo o corpo. Na própria forma há dois eixos para a direita e dois para a esquerda. A órbita do *chi* é elíptica e gira num eixo inclinado num ângulo orientado para o nordeste em relação à vertical.

A partir da parte superior do lado esquerdo, a mão esquerda faz um movimento circular para a direita, descrevendo o movimento do *chi* deslocando-se para baixo no arco em frente ao ventre. O corpo gira para a esquerda, indicando um epiciclo formado depois que *chi* passa pela base da região dorsal. A mão esquerda, agora embaixo e à direita, faz um movimento circular para cima e para a esquerda, retraindo o arco original do *chi* de volta através da órbita familiar. A mão direita é empurrada para a frente, trazendo o *chi* para baixo e para a direita, enquanto o corpo gira em seguida para a esquerda, e a mão direita canaliza o *chi* para cima e para a esquerda. Nas duas partes seguintes da forma, o corpo gira para a direita e o *chi*, em geral, passa para cima através do topo da cabeça, faz seu pequeno epiciclo e passa de novo para baixo. Essa passagem é simbolizada pelas mãos movendo-se para cima, o corpo girando e as mãos descendo mais uma vez.

Além de demonstrar a circulação de *chi*, o T'ai Chi Ch'uan tem uma série de relações com a meditação clássica chinesa sentada. Ambas exigem que o tronco esteja ereto mas relaxado, a cabeça ereta, a nuca reta, os braços e pernas curvados e os ombros para baixo, com os braços relaxados. A mente, em ambos os casos, deve estar clara e tranqüila. Ambos exigem "o esforço correto", um tipo de concentração sem esforço, livre de objetivos ou orgulho. Em T'ai Chi o corpo movimenta-se exteriormente e está imóvel por dentro; na meditação sentada deve haver imobilidade dentro e fora. A respiração é parte essencial tanto do T'ai Chi quanto da meditação; mas em T'ai Chi a respiração é assistida pelo movimento do corpo, ao passo que na meditação a respiração é controlada unicamente pela mente.

O T'ai Chi Ch'uan pode ser considerado uma espécie de exercício preparatório para a meditação, embora, naturalmente, possa ser estudado por um grande número de outros motivos. Ele disciplina o corpo, ensina relaxamento e lucidez, acostuma o estudante à respiração controlada e demonstra a circulação de *chi* por um método que aproxima muito mais da realidade da meditação do que olhar diagramas ou ouvir descrições orais. Mais que isso, o T'ai Chi Ch'uan dá algo do espírito da meditação, um espírito que, em nossas vidas hiperagitadas e tomadas pela ansiedade, raramente experimentamos em nosso dia-a-dia – um espírito que promete um lampejo de paz para além da esfera da nossa imaginação presente ou da nossa compreensão comum do mundo.

VII

A EXPANSÃO E O DECLÍNIO
DE CH'IEN E K'UN APLICADOS
À PRÁTICA DO T'AI CHI CH'UAN

O fluxo e o acúmulo de energia no corpo durante a prática do T'ai Chi Ch'uan podem ser representados de uma maneira precisa e iluminadora por meio do ciclo dos doze hexagramas conhecidos pelo nome de "Expansão e Declínio de Ch'ien e K'un". Descoberto pelo filósofo Meng Hsi, durante o começo do período Han, esse ciclo tem sido amplamente usado para propósitos teóricos em vários campos diferentes do conhecimento chinês tradicional, incluindo a acupuntura, a meditação e o calendário.

O ciclo em si é bastante simples de descrever, sendo que as idéias de "expansão" e "declínio" têm a ver com o acréscimo e o decréscimo ordenado do número de linhas inteiras (*yang*) nos hexagramas envolvidos.

Deve-se considerar o ciclo iniciando pelo Hexagrama 24, *Fu*,

que tem uma linha *yang* na posição mais baixa, no qual todas as demais linhas são *yin*. Nos estágios posteriores do ciclo, a linha *yang* move-se sucessivamente mais para o alto nos hexagramas e as linhas que estão abaixo permanecem sendo *yang*. Dessa forma, depois de *Fu*, o próximo hexagrama é o Hexagrama 19, *Lin*, no qual as duas primeiras linhas são *yang*. O próximo é o Hexagrama 11, *T'ai*, com linhas *yang* nas três primeiras posições e assim por diante. Con-

117

tinuando esse acréscimo no número de linhas *yang*, chega-se logo ao

Hexagrama 1, *Ch'ien* ☰ , do qual todas as linhas são *yang*. Com

isso completa-se a parte de "expansão" do ciclo, após o qual inicia-se a de "declínio".

O primeiro hexagrama na parte de "declínio" do ciclo é o Hexagrama 44, *Kou* ☴ , no qual aparece uma linha *yin* na primeira

posição. Vem em seguida o Hexagrama 33, *Tun* ☶ , que tem duas

linhas *yin*. Essa fase do ciclo continua até ser obtido o Hexagrama 2, *K'un*

☷ , no qual todas as linhas são *yin*, completando o "declínio".

Com um pouco de imaginação, não é difícil ver como esse padrão de hexagramas pode ser usado para dar um relato preciso do processo regular cíclico da natureza, como são as fases da lua e as estações do ano. O que talvez seja menos óbvio, mas não menos útil quando a idéia é compreendida, é a aplicação dos mesmos princípios à descrição dos processos cíclicos que se dão no interior do corpo. De fato, o fluxo de energia que ocorre durante a prática do T'ai Chi Ch'uan é um exemplo particularmente bom de uma aplicação desse tipo.

Para começar, basta considerar o primeiro dos movimentos da forma, no qual os braços se levantam, enquanto os joelhos ficam levemente esticados, e depois são abaixados até os lados do corpo enquanto os joelhos dobram mais uma vez. Os movimentos dos membros nessa forma são idealizados para guiar o fluxo do *ch'i* (energia vital) dos pés espinha acima até o topo da cabeça e depois para baixo, descendo a parte frontal do corpo até o abdômen. A expansão e o declínio de Ch'en e K'un são bastante apropriados para descrever esse fluxo de energia vital, já que cada hexagrama do ciclo indica a progressão da energia até uma determinada parte do corpo. *Fu* representa o começo de tudo, no qual a energia se eleva a partir das solas dos pés. *Ch'ien* representa o ponto no qual os joelhos estão esticados e a energia já subiu através da coluna espinhal fazendo todo o caminho até a cabeça. *K'un* representa o resultado do abaixamento, no qual a energia se moveu descendo até o abdômen.

As descrições a seguir indicam a significação de cada um dos hexagramas do ciclo no fluxo de energia.

Fu/Retorno

24 Fu

O trigrama superior é *K'un*, O Receptivo, Terra, Um corpo flexível.
O trigrama inferior é *Chên*, O Incitar, Trovão, Madeira, Pé.
Ambos os trigramas nucleares são *K'un*.

Com três *K'un* e um *Chên*, terra e madeira, podemos pensar numa árvore profundamente enraizada na terra.

O estudante de T'ai Chi Ch'uan está de pé com toda a firmeza, como uma árvore bem enraizada no solo. Seu tronco é flexível e elástico. Ele é como um boneco cujo peso total está sobre os pés e que não pode ser tombado. A energia encontra-se em seus pés e vai começar a subir por sua medula espinhal.*

A Seqüência diz: "As coisas não podem ser destruídas de uma vez por todas. Quando o que está acima se desintegra por completo, ele retorna abaixo. Por isso a seguir vem o hexagrama: RETORNO."* Embora *Fu* seja aqui apresentado como o primeiro hexagrama deste ciclo, deve ser lembrado que ele segue o último hexagrama do ciclo anterior, *K'un*. Aqui também se faz menção a *Po*/Desintegração, que precede *K'un* e é o oposto de *Fu*.

O hexagrama designa os meses de dezembro e janeiro, o solstício de inverno.* As árvores e a vegetação rasteira estão sem folhas, embora suas raízes comecem a se agitar. É a meia-noite da quietude e da recuperação

---
*A China, onde o *I Ching* se originou, está localizada no Hemisfério Norte. Assim, os meses de dezembro e janeiro são meses de inverno (N. do T.).

da vida. O *yin*, negativo, está declinando e em breve ter-se-á ido. O *yang*, positivo, está reaparecendo. O Elixir Interior começa a brotar.
O Comentário sobre a Decisão diz: "O RETORNO tem sucesso. O firme retorna. Movimento e influência* através da devoção. Por isso, 'saída e entrada sem erro.'... Este é o curso do céu."[1] Por meio da devoção (do trigrama *K'un*) à prática do T'ai Chi Ch'uan o estudante atinge o sucesso. Saída e entrada referem-se à natureza oposta dos movimentos de T'ai Chi: para cima e para baixo, para trás e para a frente, para a esquerda e para a direita e inspirar e expirar. O curso do céu representa a circulação do *ch'i*.
Diz-se, no Capítulo 40 do *Tao Te Ching*:

> Retorno é o movimento do Tao.
> Flexível é a aplicação do Tao.[2]

Dessa maneira, o T'ai Chi Ch'uan é o exercício taoísta realizado num ciclo que se completa a si próprio e depois continua (retorna).
Quando a primeira linha *yang* é acrescida à segunda, o hexagrama transforma-se no Hexagrama 19, *Lin*/Aproximação.

Lin/Aproximação

O trigrama superior é *K'un*, O Receptivo, Terra.
O trigrama inferior é *Tui*, A Alegria, Lago.
Os trigramas nucleares são *K'un* e *Chên*, O Despertamento, Trovão.

O hexagrama *Lin* significa aproximação. No Hexagrama anterior, *Fu*, a energia da linha *yang* na primeira posição está muito abaixo do solo, como uma raiz. No hexagrama *Lin* as linhas *yang* aumentam para duas. No Comentário Sobre a Decisão diz-se, "O firme penetra e cresce."[3] O "firme"

---

*No original, em inglês, lê-se "ação", em vez de "influência" (N. do T.).

refere-se ao poder ou energia *yang* representados pelas duas primeiras linhas do hexagrama. Essa energia, abaixo da superfície em *Fu*, começou a crescer em virtude da penetração da água, representada pelo trigrama *Tui*, na terra, representada pelo trigrama *K'un*. A umidade provê nutrição para as raízes e em última instância para o tronco da árvore, ambas indicadas pelo trigrama nuclear *Chên*, que pode, então, crescer com maior rapidez.

O Comentário Sobre a Decisão continua:

> Alegre e dedicado...
> "Grande sucesso através da atitude correta." Este é o curso do céu.[4]

Através da dedicação à pratica cuidadosa e correta das formas, o estudante de T'ai Chi pode conseguir um corpo saudável, com o qual pode experimentar maior prazer de viver. Entretanto, *Tui*, que significa prazer, também significa ferimento ou machucadura, e assim o estudante é advertido contra a prática descuidada do exercício, que poderia levá-lo a se machucar.

"Este é o curso do céu" significa que essa energia, que começou a crescer, penetrará a medula espinhal e entrará na "Circulação Celestial Maior".

O tempo representado é janeiro-fevereiro, o décimo-segundo mês.

Quando as duas linhas *yang* aumentam para três, o hexagrama transforma-se no Hexagrama 11, *T'ai*/Paz.

T'ai/Paz

11 T'ai

O trigrama superior é *K'un*, O Receptivo, Terra.
O trigrama inferior é *Ch'ien*, O Criativo, Céu.
Os trigramas nucleares são *Chên*, O Incitar, Trovão e *Tui*, A Alegria, Lago.

T'ai significa pacífico, penetração ou harmonia e é um tempo de florescimento. Essa é a idéia do T'ai Chi Ch'uan. O indivíduo pratica sem esforço excessivo ou intensidade e sente-se relaxado e em paz.

O segundo significado do hexagrama *T'ai* é penetração. Depois de praticar, sente-se o sangue circulando e a respiração penetra todo o corpo, chegando mesmo à ponta dos dedos e dos artelhos.

De acordo com o caráter do trigrama superior, *K'un* significa flexível e devotado. O trigrama inferior *Ch'ien*, é forte e firme, o que indica que o T'ai Chi Ch'uan deve ser praticado com o peso na parte inferior do corpo. A parte inferior do corpo é forte e firme. A parte superior é flexível e devotada. O Comentário Sobre a Decisão declara: "... a força é interna, a devoção é externa."[5] Isso indica que o praticante de T'ai Chi Ch'uan está conseguindo o domínio. Ele é firme por dentro e suave por fora, como algodão enrolado em volta do aço.

"Deste modo o céu e a terra se unem, e todos os seres vêm se unir. Os que estão acima e os que estão abaixo unem-se e têm um anseio comum."[6] Através da circulação de *ch'i* a cabeça e a parte inferior do corpo estão unidas. Nos Clássicos do T'ai Chi diz-se que cada movimento deve ser leve e ágil, mas acima de tudo, deve ser unificado.

Se estudarmos o trigrama superior, *K'un*, as três linhas interrompidas no meio indicam que a respiração pode descer até o abdômen sem qualquer impedimento. No trigrama inferior, *Ch'ien*, as três linhas inteiras indicam a solidez da parte inferior do corpo, e também a medula espinhal. Assim, a força *yang* agora já subiu a metade do caminho, medula espinhal acima.

Quando as três linhas *yang* de baixo aumentam para quatro, o hexagrama que se segue é o Hexagrama 34, *Ta Chuang*/O Poder do Grande.

Ta Chuang/O Poder do Grande

34 Ta Chuang

O trigrama superior é *Chên*, O Incitar, Trovão.
O trigrama inferior é *Ch'ien*, O Criativo, Céu, Forte.
Os trigramas nucleares são *Tui*, A Alegria, Lago, e *Ch'ien*.

A estrutura deste hexagrama é muito forte. É análoga à medula espinhal do estudante de T'ai Chi.

De acordo com os Clássicos do T'ai Chi Ch'uan, quando se está imóvel, cada parte do corpo está tranqüila; quando se está em movimento, a Energia Intrínseca move-se para a parte de trás do corpo e fica centrada na medula espinhal.

As linhas individuais do hexagrama referem-se à forma com que o praticante de T'ai Chi Ch'uan obtém o domínio de sua arte.

A primeira linha diz: "Poder nos dedos dos pés. Prosseguir traz infortúnio."[7] Isso diz respeito ao movimento contínuo do T'ai Chi Ch'uan, que não deve permanecer numa só posição durante muito tempo mas mudar para uma nova posição a fim de manter o equilíbrio perfeito. O poder não pode estar somente nos artelhos, mas deve ir para o pé inteiro a fim de assegurar estabilidade.

A terceira linha diz: "O homem inferior age através do poder. O homem superior não age assim... Um bode arremete contra uma cerca e prende seus chifres."[8] O praticante de T'ai Chi Ch'uan não usa força em seus movimentos, quer treinando para melhorar a saúde, quer na autodefesa. Ele é maleável e complacente, mas interiormente forte.

A quarta linha diz: "Abre-se a cerca, e não há nenhum emaranhado."[9] Se o praticante de T'ai Chi é complacente, cede quando atacado e dessa maneira salva-se de ficar emaranhado.

A sexta linha adverte o praticante de T'ai Chi contra o uso da força. O texto diz: "Um bode arremete contra uma cerca. Não pode ir nem para a frente nem para trás."[10]

Dessa maneira, a mensagem deste hexagrama é que mesmo que o praticante de T'ai Chi possua uma grande força, não deve usá-la, porque isso atrai a desgraça. O mestre de T'ai Chi exterioriza suavidade e humildade, mesmo levando em conta que possui uma grande força oculta em seu interior.

Lao-Tzu aconselha esse princípio de Ação no *Tao Te Ching*:

> As coisas mais fracas do mundo podem sobrepujar as coisas mais fortes do mundo.
> Nada no mundo pode ser comparado à água, por sua natureza fraca e complacente; entretanto, ao atacar o que é duro e forte, nada se prova melhor que ela.[11]

Lao-Tzu também aplica essa idéia a aspectos de saúde do T'ai Chi Ch'uan, ao dizer:

Quando está vivo, o homem é suave e tenro;
Quando morto é duro e rígido.[12]

Este hexagrama representa o segundo mês (março-abril). Quando as quatro linhas *yang* aumentam para cinco, o novo hexagrama é o Hexagrama 43, *Kuai*/A Determinação.*

Kuai/A Determinação

43 Kuai

O trigrama superior é *Tui*, A Alegria, Lago, Machucadura.
O trigrama inferior é *Ch'ien*, O Criativo, Céu, Força.
Ambos os trigramas nucleares são *Ch'ien*.

O Hexagrama *Kuai* significa determinação. Sua estrutura representa uma mente alegre e pacífica e um corpo cheio de energia.

Diz-se no clássico do T'ai Chi Ch'uan que a energia pode ser acumulada através de uma longa prática. O corpo torna-se fisicamente forte e a mente torna-se determinada e dessa maneira age com alegria.

O Comentário sobre a Decisão diz: "Forte e alegre, isso significa determinado e harmonioso."[13]

Quando o T'ai Chi Ch'uan é praticado de uma forma consistente durante um longo período de tempo, ou com determinação e *alegria*, a mente e o corpo do praticante tornam-se harmoniosos. Essa determinação caracteriza-se por paciência e perseverança, mas não é ansiosa.

---

*A tradução brasileira do *I Ching*, usada para a transcrição das citações do presente livro, dá dois nomes para o Hexagrama 43: "Irromper" e, entre parênteses, "A Determinação" – *"Breakthrough (Resoluteness)"*, na edição inglesa de Cary F. Baynes. Da Liu, entretanto, usa somente *"Resoluteness"*, motivo pelo qual manteve-se nesta tradução apenas o segundo nome da edição brasileira (N. do T.).

A terceira linha do hexagrama diz:

> Ser poderoso na face traz infortúnio.[14]

Isso significa que essa força deve estar no interior e não ser exibida exteriormente.

Encontra-se a mesma idéia no Capítulo 68 do *Tao Te Ching* de Lao-Tzu:

> O melhor soldado não tem aparência guerreira.
> Um lutador experimentado não tem raiva.[15]

Neste hexagrama, as linhas *yang* continuaram a aumentar. A energia continua a subir ao longo da medula espinhal até chegar à cabeça (céu) como a evaporação das águas do lago (*Tui*). Esse fenômeno é descrito na Imagem:

> O lago elevou-se aos céus: a imagem do IRROMPER.[16]

Quando a linha *yin* restante é empurrada para fora, haverá seis linhas *yang*, formando o Hexagrama *Ch'ien*.

Ch'ien/O Criativo

1 Ch'ien

O trigrama superior é *Ch'ien*, O Criativo, Céu, Cabeça.
O trigrama inferior é *Ch'ien*.
Ambos os trigramas nucleares são *Ch'ien*.

Este hexagrama é composto de seis linhas *yang*. Wilhelm, na sua tradução do *I Ching*, diz: "Essas linhas correspondem à energia que, em sua forma primordial, é luminosa, forte, espiritual, ativa."[17]

125

Quando o mestre de T'ai Chi Ch'uan atinge este nível, sua mente está preenchida com espírito, seu corpo com energia, seus ossos com medula e ele é maleável e elástico como o aço.

A Imagem deste hexagrama* diz:

> O movimento do céu é poderoso.
> Assim, o homem superior torna-se forte e incansável.[18]

Em várias atividades o crescimento e o progresso dependem da prática continuada. Isso é especialmente verdade no caso do T'ai Chi Ch'uan. A terceira linha do hexagrama diz:

> O homem superior permanece criativamente ativo o dia todo.
> Preocupações ainda o envolvem ao anoitecer.[19]

Isso significa que o estudante de T'ai Chi deve praticar tanto de dia quanto de noite. De acordo com o Clássico do T'ai Chi, depois de muitos anos de prática assim, o corpo e a mente são guiados, em última análise, pelo espírito. Se o indivíduo enfatizar em demasia o uso de energia, estagnará. Se não usar a energia, tornar-se-á pura vitalidade. Em seu estágio superior, o T'ai Chi Ch'uan torna-se puro e elástico, e usa o espírito. Há vários nomes para este nível. Os taoístas o chamam de "Chen Jen"[20], o homem verdadeiro. Os confucionistas o chamam de "Ta Jen"[21], o grande homem, e os budistas o chamam de "Chin Kang", que significa literalmente forte como o ouro ou o diamante, ou seja, indestrutível. Um homem assim é invencível. Lao-Tzu descreve esse homem no Capítulo 50 do *Tao Te Ching*:

* No original, o texto da Imagem é ligeiramente diferente do que figura nesta tradução – e que acompanha tanto o *I Ching* publicado pela Editora Pensamento, quanto a tradução inglesa de Cary F. Baynes: onde se lê "poderoso" na edição brasileira (e *"full of power"* = "cheio de poder", na inglesa), Da Liu escreve *"strong and regular"* = "forte e regular"). E em vez de "torna-se forte e incansável", como em português (*"strong and untiring"* no *I Ching* de Wilhelm/Baynes), o autor cita *"fortifies himself uncesingly"* = "fortifica incessantemente a si próprio". É possível que Da Liu tenha utilizado aí alguma outra versão do *I Ching*, apesar de mencionar a de Wilhelm/Baynes como fonte da citação, em suas notas finais (N. do T.).

Aquele que sabe como viver pode viajar por terras selvagens
Sem temer o rinoceronte ou o tigre.
Não será ferido por armas,
Nele, os rinocerontes não terão oportunidade de espetar seus chifres,
E os tigres nenhuma chance de usar suas garras.
Porque ele não é vulnerável.[22]

Essa mesma idéia também é encontrada no Clássico do T'ai Chi, onde se diz:

Pode-se sentir no corpo até mesmo uma pena,
Ou o pousar de uma borboleta.[23]

Com o Hexagrama *Ch'ien* a energia atingiu a cabeça, ou o "Yu Chen". Todas as linhas são *yang*. Mas essa condição não é permanente. Quando uma linha *yin* penetra no primeiro lugar, o hexagrama é o Hexagrama 44, *Kou*/Vir ao Encontro, e começa a fase de declínio do ciclo.

Kou/Vir ao Encontro

44 Kou

O trigrama superior é *Ch'ien*, O Criativo, Céu.
O trigrama inferior é *Sun*, O Suave, O Penetrante, Vento.
Ambos os trigramas nucleares são *Ch'ien*.

O hexagrama *Kou* significa vir ao Encontro. O último hexagrama, *Ch'ien*, com seis linhas *yang*, está pleno do poder da luz. Entretanto, como a lua, uma vez que se torna cheio, começa a minguar. *Kou* indica o começo da parte decrescente do ciclo.

O hexagrama *Kou* representa o quinto mês, junho-julho, e o tempo do solstício do verão.* Desse momento em diante os dias tornam-se mais curtos e as noites mais longas.

O Comentário sobre a Decisão diz: "O fraco vem ao encontro do firme."[24] "Fraco" refere-se à linha *yin* que está penetrando pela base do hexagrama e encontra-se com o "firme", ou linhas *yang* que compõem o resto do hexagrama. A força *yin* continuará a crescer nos hexagramas que se sucedem no ciclo.

"Ele vem ao encontro arremetendo com os chifres,"[25] é a sexta linha do hexagrama. Chifres refere-se à cabeça ou topo da cabeça, o ponto para o *ch'i* elevou-se na porção crescente do ciclo. Trata-se do ponto descrito em trabalhos sobre acupuntura e meditação onde o *Tu Muo*, ou canal de controle (*yang*), encontra-se com o *Jen Mo*, o canal de função (*yin*). No Clássico do T'ai Chi Ch'uan essa região é descrita como o ponto no qual a energia começa a descer. Se a coluna vertebral for mantida na posição correta, ereta e no meio do corpo, ao alcançar a cabeça o *ch'i* transformar-se-á em saliva e descerá para o *tan t'ien*.

Quando a força *yin* avança para a segunda linha, o hexagrama transforma-se no Hexagrama 33, *Tun*/Retirada.

Tun/Retirada

33 Tun

O trigrama superior é *Ch'ien*, O Criativo, Céu.
O trigrama inferior é *Ken*, A Quietude, Montanha.
Os trigramas nucleares são *Ch'ien* e *Sun*, A Suavidade, Vento.

Este hexagrama significa retirada ou recuo. As forças de luz (*yang*) estão se retirando diante do avanço firme das forças da escuridão (*yin*).

* Aqui também devemos considerar a inversão das estações do ano no Hemisfério Norte (N. do T.).

Trata-se do oposto do Hexagrama 34, *Ta Chuang*, que significa avanço e foi visto anteriormente no ciclo. No calendário, representa o sexto mês, julho-agosto, quando o verão já começou a enfraquecer.

O Comentário sobre a Decisão diz: " 'A RETIRADA. Sucesso'. Isso significa que o sucesso jaz na retirada."[26] Em algumas situações, a retirada é o curso de ação apropriado: reconhecer o tempo para retirar-se trará o sucesso. Ao realizar a forma do T'ai Chi Ch'uan é adequado retirar-se quando o *Ch'i* começou sua descida para o *tan t'ien*, pois então ocorrerá o crescimento da vitalidade.

Neste livro, no Capítulo IV, p. 85, *Tun* é associado à forma "Recuar e repelir o Macaco". Esse movimento representa a retirada física do corpo. Em "A Ascensão e o Declínio de Ch'ien e K'un", a retirada refere-se ao movimento da mente e de *ch'i*.

Quando a linha *yin* avança para a terceira posição do hexagrama, este se transforma no Hexagrama 12, *P'i*/A Estagnação.

P'i/Estagnação

12 P'i

O trigrama superior é *Ch'ien*, O criativo, Céu.
O trigrama inferior é *K'un*, O Receptivo, Terra.
Os trigramas nucleares são *Sun*, A Suavidade, O Penetrante, Vento, e *Ken*, A Quietude, Montanha.

Este hexagrama significa estagnação. Os trigramas *Ch'ien* e *K'un* movem-se em direções opostas, em contraste com o Hexagrama 11, *T'ai*/Paz, onde os trigramas se movem um na direção do outro. Esse movimento traz como resultado a estagnação – e é reforçado pelo significado do trigrama nuclear inferior, *Ken*, que significa Imobilidade.

"A grande partida, o pequeno se aproxima."[27] Essa linha do Julgamento descreve a partida do *yang* ("o grande") e a aproximação do *yin* ("o pequeno"). No calendário o hexagrama refere-se ao sétimo mês, agosto-setembro, o começo do outono.

A segunda linha do hexagrama diz, "A estagnação ajuda o grande homem a obter sucesso."[28] A despeito do avanço contínuo do poder *yin*, a situação ainda é favorável. É como o outono, quando muitas folhas já caíram das árvores. Enquanto as raízes permanecerem vivas, elas serão capazes de crescer de novo na primavera. Na prática do T'ai Chi Ch'uan, o *ch'i* precisa continuar descendo e atingir o *tan t'ien* antes de ficar pronto para ascender novamente.

Quando o poder *yin* alcança a quarta linha, o hexagrama transforma-se no Hexagrama 20, *Kuan*/Contemplação.

Kuan/Contemplação

20 Kuan

O trigrama superior é *Sun*, A Suavidade, Penetrante, Vento.
O trigrama inferior é *K'un*, O receptivo, Terra.
Os trigramas nucleares são *Ken*, A Quietude, Montanha, e *K'un*.

Este hexagrama significa contemplação e observação. O poder *yin* continuou a crescer até que somente duas das linhas mais altas continuam sendo *yang*. É o tempo do oitavo mês, setembro-outubro.

O duplo significado do hexagrama *Kuan*, observação e contemplação, pode ser relacionado diretamente com a prática do T'ai Chi Ch'uan. Contemplação diz respeito ao processo interior no qual o *ch'i* mergulha mais fundo em seu caminho em direção ao *tan t'ien*. O trigrama inferior, *K'un*, também trigrama nuclear inferior, representa esse lugar. Observação, por outro lado, dirige o estudante aos aspectos externos do exercício. Ele observa a correção de sua forma e percebe quando a aproximação de quaisquer adversários ameaça a sua posição.

As linhas seguintes do Ta Chuan, descrevendo o Hexagrama 16, *Yü*/Entusiasmo, dão um exemplo da importância da observação na prática do T'ai Chi Ch'uan.

O homem superior sabe o que está oculto e o manifesto.
Conhece a fraqueza e também a força.
Por isso as multidões erguem o olhar para ele.[29]

Dessa maneira o mestre de T'ai Chi sabe se o inimigo é fraco ou forte e consegue alcançar o sucesso derrotando-o. Isso fará com que muita gente, especialmente seus alunos, erga o olhar para ele.

Quando resta apenas uma linha *yang*, o hexagrama se transforma no Hexagrama 23, *Po*/Desintegração.

Po/Desintegração

23 Po

O trigrama superior é *Ken*, A Quietude, Montanha.
O trigrama inferior é *K'un*, O Receptivo, Terra.
Ambos os trigramas nucleares são *K'un*.

O hexagrama *Po* significa declínio, decadência e ruína. No calendário representa o nono mês, outubro-novembro. Todas as linhas tornaram-se *yin*, com exceção da linha mais alta. O texto dessa linha diz: "Um grande fruto ainda não foi comido."[30]

O "grande fruto" é uma referência à única linha *yang* remanescente no topo do hexagrama. Os agricultores com freqüência preservam os melhores frutos para que estes forneçam as sementes do próximo ano. Quando esse fruto cair, todas as linhas tornar-se-ão *yin* e formar-se-á o hexagrama *K'un*. Quando a semente desse fruto germinar, uma linha *yang* penetrará na primeira posição, formando o hexagrama *Fu*/Retorno. (*Fu*

131

é o oposto de *Po*). Assim, é no hexagrama *Po* que se faz o abastecimento da semente para a próxima circulação do *ch'i*.

As linhas a seguir são do Comentário sobre a Decisão:

> Desintegração significa ruína. O maleável modifica o firme...
> A devoção e a quietude resultam da contemplação da imagem. O homem superior está atento à alternância entre o crescimento e a redução, entre o pleno e o vazio; pois este é o curso do céu.[31]

"O maleável modifica o firme" descreve como gradualmente as linhas tornaram-se *yin*. Isso é essencial na prática de T'ai Chi Ch'uan, porque o exercício só será feito apropriadamente quando se reduzir a energia *yang*, ou seja, quando se eliminar toda a rigidez e toda a confiança no poder muscular.

"Devoção e quietude" referem-se aos atributos dos dois trigramas, *K'un* e *Ken*, formadores do hexagrama *Po*. São também os atributos de um estudante de T'ai Chi bem-sucedido e assim o "homem superior" aqui significa o meditador ou praticante de T'ai Chi. Ele observa a circulação do *ch'i*, "o curso do céu".

"Crescimento" ou primavera representa a porção do canal que vai da região púbica à parte média das costas. "Pleno" ou verão começa no meio das costas e vai até a parte posterior da cabeça (*Ch'ien*). "Redução" ou outono desce do topo da cabeça ao umbigo e "vazio" ou inverno é a porção que vai do umbigo à região púbica (*K'un*).

A importância da energia *yin* é descrita no Capítulo 48 do *Tao Te Ching*:

> Aquele que persegue o aprendizado crescerá a cada dia;
> Aquele que persegue o Tao diminuirá a cada dia.
> Diminuirá e continuará diminuindo,
> Até chegar à não-ação;
> Por meio da não-ação tudo pode ser feito.[32]

Já que T'ai Chi Ch'uan é Tao, aqueles que o praticam movimentam-se suave e levemente como uma pena, e no entanto mantêm sua força em seu interior. Quando todas as linhas tornam-se *yin*, o hexagrama é *K'un*/O Receptivo.

K'un/O Receptivo

K'un

Os trigramas superior e inferior são *K'un*, O Receptivo, Terra.

O hexagrama *K'un* significa vazio e armazenagem. Contém seis linhas *yin* e é completamente maleável. *K'un* representa o décimo mês, novembro-dezembro, a colheita final antes da escuridão do inverno.

Os trigramas do hexagrama *K'un* também são *K'un*. Esse hexagrama representa o baixo-ventre, o local onde o *ch'i* será armazenado até iniciar o próximo ciclo de circulação. De acordo com os clássicos da literatura sobre T'ai Chi Ch'uan, "Se o abdômen ficar relaxado e vazio, o *ch'i* pode penetrar o osso. A mente permanece quieta e o corpo à vontade." Esse hexagrama, *K'un*, é construído por seis linhas interrompidas e simboliza o tronco do corpo, que é vazio e totalmente aberto. O *ch'i* pode, dessa forma, mergulhar da garganta para o baixo-ventre sem nenhum impedimento.

Nos estágios avançados da prática, o *ch'i* penetra os ossos e neles é armazenado, depois de passar através dos ligamentos, tendões e juntas. Muitos dos meus leitores perguntarão: "Como pode o *ch'i* penetrar os ossos, que parecem ser sólidos?" Um exemplo extraído da física prática ajuda a explicar essa idéia, que, admite-se, é difícil de entender. Em primeiro lugar, é necessário lembrar uma regra dos clássicos do T'ai Chi Ch'uan: "A mente é primária, o corpo é secundário..." O mergulho do *ch'i* pelo abdômen abaixo compõe a mente, que então comanda o plexo nervoso para que este aqueça a água do abdômem de maneira a transformá-la em vapor. Trata-se de um processo semelhante à forma com que a resistência de um aquecedor de imersão faz a água ferver. Quando a umidade e o sangue do corpo se transformam em vapor, penetram os ossos nessa forma. Como numa máquina a vapor, este vapor pode penetrar através dos "tubos" do corpo, isto é, os canais ocos dos ossos que contêm a medula. Na terminologia taoísta, o praticante deve "refinar o *ching* para transformá-la em *ch'i*, ou seja, vitalidade". O hexagrama *K'un* também é caracterizado por suavidade e vazio. Compõe-se de seis linhas interrompidas e é explicado no *Tao Te Ching*, Capítulo 16, como se segue: "Atinge o estado de vazio absoluto; mantém o alvo da quietude perfeita." O *Clássico do T'ai Chi Ch'uan* diz: "Sendo extremamente suave e maleável, você alcançará força e dureza extremas". De acordo com o hexagrama *K'un*, quando as seis linhas através do processo modificam-se em seis linhas *yang*, o hexagrama transforma-se em *Ch'ien*, que é força e movimento.

O hexagrama, dessa maneira, não mais representa suavidade ou vazio. O solo transforma-se em metal através de modificações geológicas, de temperatura e de pressão, com o tempo. O metal transforma-se de novo em terra, por meio da oxidação. Esse é o aspecto científico da expansão e declínio de *Ch'ien* (metal) e *K'un* (terra).

K'un representa o fim do ciclo. Nesse ponto, todo o *ch'i* retornou ao baixo-ventre e agora está inativo. Mas na quietude encontra-se a semente do movimento. Quando tudo tornou-se *yin*, o *yang* reaparece. Conseqüentemente, na sexta linha do hexagrama:

> Dragões lutando no prado.
> Seu sangue é negro e amarelo.[33]

Os dragões simbolizam respiração, energia, vale dizer o *ch'i*. Preto e amarelo representam *yang* e *yin*, respectivamente. Assim, a sexta linha indica simbolicamente a fusão de *yin* com *yang*.[34] No momento *yin* é predominante. Essa fase é descrita por Lao Tzu no Capítulo 16 do *Tao Te Ching*:

> As coisas parecem ser muitas e variadas, mas na verdade todas elas
> retornam à raiz comum.
> Quando revertem à raiz comum,
> há inatividade. O estado de inatividade
> é chamado de cumprimento do destino.[35]

Assim, uma volta do ciclo se completa. Quando mais uma vez uma linha *yang* penetrar a base, forma-se o Hexagrama 24, *Fu*/Retorno, e o ciclo se inicia novamente.

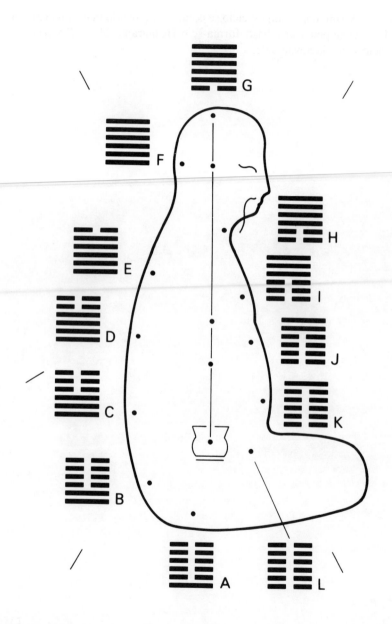

Notas

As passagens do *I Ching* nesta tradução – originalmente extraídas de *The I Ching: Or Book of Changes*, traduzido por Richard Wilhelm e vertido para o inglês por Cary F. Baynes (Routledge & Kegan Paul, Londres, 1951) – acompanham o texto da edição brasileira do trabalho de Wilhelm: *I Ching – O Livro das Mutações* – tradução para o português de Alayde Mutzembecher e Gustavo Alberto Corrêa Pinto, com uma "Introdução à edição brasileira" por Gustavo Alberto Corrêa Pinto (Editora Pensamento, 1984, São Paulo). No cotejamento das citações feitas pelo autor foi usada a Terceira Edição (em um volume) da versão inglesa de Baynes, de 1968 (Routledge & Kegan Paul, Londres, 4.ª reimpressão, 1971). Em cada passagem é indicado o "Livro" – cada uma das três partes nas quais está organizada a tradução de Wilhelm – e o número da página. Na nota 34, do Capítulo VII, onde se lê "químico", é bem provável que o autor tenha pretendido escrever "alquímico". (N. do T.)

I.   INTRODUÇÃO
   1. Livro II, pp. 264-265.

IV. AS FORMAS E OS HEXAGRAMAS
   1. Livro III, p. 412; Livro I, p. 118.
   2. Livro I, p. 31; Livro I, p. 32; Livro I, p. 32.
   3. Livro II, p. 217.
   4. Livro III, p. 462.

5. Livro III, p. 354.
6. Livro I, p. 117; Livro I, p. 116.
7. Livro I, p. 77.
8. Livro I, p. 122; Livro I, p. 121.
9. Livro III, p. 473; Livro I, p. 162.
10. Livro I, p. 100.
11. Livro I, p. 114; Livro II, p. 406.
12. Livro I, p. 101.
13. Livro I, p. 97.
14. Livro I, p. 102; Livro I, p. 103; Livro I, p. 190.
15. Livro I, p. 137.
16. Livro I, p. 42.
17. Livro I, p. 86.
18. Livro I, p. 95.
19. Livro I, pp. 37-38.
20. Livro I, p. 49; Livro I, p. 50; Livro I, p. 50.
21. Livro I, p. 159.
22. Livro I, p. 66; Livro III, p. 348.
23. Livro III, p. 502.
24. Livro I, p. 170; Livro I, p. 171; Livro II, p. 213; Livro III, p. 485.
25. Livro I, p. 196.
26. Livro III, p. 429.

V. T'AI CHI CH'UAN USADO PARA AUTODEFESA
1. Livro II, p. 242.

VII.A EXPANSÃO E O DECLÍNIO DE CH'IEN E K'UN APLICADOS À PRÁTICA DO T'AI CHI CH'UAN

*   O Clássico do T'ai Chi Ch'uan diz: "Os pés como raízes de uma árvore, a energia sobe dos pés para as pernas, comandada pela cintura. ..." Ver T.T. Liang, *T'ai Chi Ch'uan for Health and Self-defense*, p. 19. Chung Tze diz: "A respiração do homem verdadeiro vem dos seus calcanhares. ..." James Legge, *The Texts of Taoism* (Nova York: Dover, 1962), p. 238.

1. Livro III, pp. 375-376.
2. Ver James Legge, *op. cit.*, p. 83.
3. Livro III, p. 359.
4. Livro III, p. 359.
5. Livro III, p. 332.
6. Livro III, p. 331-332.

7. Livro III, p. 410.
8. Livro III, p. 410.
9. Livro III, p. 410.
10. Livro III, p. 411.
11. Ch'u Ta-Kao, *Tao Te Ching*; ver também James Legge, *op. cit.*, p. 120 e Chia-Fu Feng e Jane English, *Lao Tzu: Tao Te Ching*, Capítulos 43 e 78.
12. Ver James Legge, *op. cit.*, p. 118.
13. Livro III, p. 441.
14. Livro I, p. 139.
15. Ver James Legge, *op. cit.*, p. 111.
16. Livro I, p. 139.
17. Livro I, p. 29.
18. Livro I, p. 31.
19. Livro I, p. 32.
20. "O que se quer dizer com 'o homem Verdadeiro?'... Sendo de tal forma, eles poderiam ascender às mais elevadas alturas sem medo; poderiam atravessar a água sem se deixar molhar por ela; poderiam entrar no fogo sem sofrer queimaduras.", James Legge, *op. cit.*, p. 237.
21. Livro III, p. 292. "O grande homem, em seu caráter, coloca-se em harmonia com o céu e a terra, em sua luminosidade, com o sol e a lua, em sua coerência, com as quatro estações, na boa fortuna e no infortúnio que gera, com os deuses e espíritos. ..."
"Chin Kang" significa forte como ouro. É esse o atributo dos trigramas *Ch'ien*. Em sânscrito, é a palavra "vajara", que significa diamante. Também diz respeito aos quatro guardiães dos templos budistas, gigantes de grande força.
22. Ver James Legge, *op. cit.*, pp. 92-93.
23. Ver T.T. Liang, *T'ai Chi Ch'uan for Health and Self-Defense*, (Nova York: Random House, 1974), p. 39.
24. Livro III, p. 444.
25. Livro III, p. 447.
26. Livro III, p. 406.
27. Livro I, p. 61.
28. Livro I, p. 62.
29. Livro II, p. 260.
30. Livro I, p. 91.
31. Livro III, pp. 372-373.
32. Ch'u Ta-Kao, *op. cit.*, p. 63.
33. Livro I, p. 36.

34. Na meditação taoísta, assim como no T'ai Chi Ch'uan, essas duas forças são unidas por um processo químico. Ver Lu Kuang Yü, *Taoist Yoga: Alchemy and Immortality* (Nova York: Samuel Weiser Inc., 1970), p. 51.
35. Cheng Lin, *The Works of Lao Tzyy* (Taipei, Taiwan: The World Book Company Ltd, 1969), p. 25.

Leia também

T'AI CHI CH'UAN E MEDITAÇÃO

Da Liu

Fotografia de Reggie Jackson

O T'ai Chi Ch'uan foi conhecido, a princípio, apenas como uma das artes marciais. Contudo, posteriormente, ele se propagou como uma disciplina complementar da meditação, a fim de que se pudesse atingir ao mesmo tempo uma condição física saudável e a mais perfeita harmonia com a natureza.

Para o leitor não iniciado no assunto, este livro é uma ótima introdução tanto à prática do T'ai Chi Ch'uan como da meditação, pois não supõe nem exige conhecimento anterior. Da Liu nos fornece uma descrição clara dos métodos de meditação e dos exercícios, bem como uma explanação completa acerca das teorias que servem de base a essa arte, facilitando ao leitor o aprendizado e a assimilação das práticas e técnicas aqui descritas.

Passo a passo, o autor ensina como dar início à meditação, alerta quanto à postura correta do corpo ao meditar, ensina como conseguir a concentração e como fazer uso da meditação na vida diária. Junto com os movimentos básicos do T'ai Chi Ch'uan, Da Liu mostra como combinar gestos e meditação, capacitando o leitor a conseguir o equilíbrio entre os aspectos físicos e espirituais da sua personalidade.

O autor, presidente da T'ai Chi Ch'uan Society de Nova York, vem praticando e ensinando sua arte há quase cinqüenta anos.

EDITORA PENSAMENTO

TAI-CHI CHUAN –
ARTE MARCIAL, TÉCNICA DA LONGA VIDA

Catherine Despeux

O Tai-chi Chuan — ou Taiji quan — classificado pelos chineses entre as artes marciais, tinha na antigüidade chinesa um significado mais amplo que o atual e indicava igualmente a força de uma pessoa, sua bravura e habilidade.

A partir do século XX, porém, foi mudando de natureza e passou a ser cultivado, tanto na China como no Ocidente, com dois objetivos principais: como disciplina psicossomática e como arte marcial, embora sob este último aspecto seja menos conhecido no Ocidente.

Definido modernamente como "a arte da meditação em movimento", os movimentos flexíveis e lentos do Tai-chi Chuan promovem a harmonização das energias Yin e Yang através da coordenação entre consciência e respiração, libera as tensões corporais, e seu efeito terapêutico se faz sentir tanto sobre a saúde física como sobre a saúde mental.

Além disso, por utilizar e desenvolver a energia interior, essa antiga arte marcial se aparenta com as técnicas taoístas de longevidade, razão pela qual também é chamada de "a arte da longa vida".

EDITORA PENSAMENTO

Richard Wilhelm

I CHING
O Livro das Mutações

Prólogo de C. G. Jung

Depois de amplamente divulgada em alemão, inglês, francês, italiano e espanhol, aparece pela primeira vez em português a mais abalizada tradução deste clássico da sabedoria oriental — o *I Ching*, ou *Livro das Mutações* —, segundo a versão realizada e comentada pelo sinólogo alemão Richard Wilhelm.

Tendo como mestre e mentor o venerável sábio Lao Nai Haüan, que lhe possibilitou o acesso direto aos textos escritos em chinês arcaico, Richard Wilhelm pôde captar o significado vivo do texto original, outorgando à sua versão uma profundidade de perspectiva que nunca poderia provir de um conhecimento puramente acadêmico da filosofia chinesa.

Utilizado como oráculo desde a mais remota antiguidade, o *I Ching*, considerado o mais antigo livro chinês, é também o mais moderno, pela notável influência que vem exercendo, de uns anos para cá, na ciência, na psicologia e na literatura do Ocidente, devido não só ao fato de sua filosofia coincidir, de maneira assombrosa, com as concepções mais atuais do mundo, como também por sua função como instrumento na exploração do inconsciente individual e coletivo.

C. G. Jung, o grande psicólogo e psiquiatra suíço, autor do prefácio da edição inglesa, incluído nesta versão, e um dos principais responsáveis pelo ressurgimento do interesse do mundo ocidental pelo *I Ching*, resume da seguinte forma a atitude com a qual o leitor ocidental deve se aproximar deste *Livro dos Oráculos*:

"O I Ching não oferece provas nem resultados; não faz alarde de si nem é de fácil abordagem. Como se fora uma parte da natureza, espera até que o descubramos. Não oferece nem fatos nem poder, mas, para os amantes do autoconhecimento e da sabedoria — se é que existem —, parece ser o livro indicado. Para alguns, seu espírito parecerá tão claro como o dia; para outros, sombrio como o crepúsculo; para outros ainda, escuro como a noite. Aqueles a quem ele não agradar não têm por que usá-lo, e quem se opuser a ele não é obrigado a achá-lo verdadeiro. Deixem-no ir pelo mundo para benefício dos que forem capazes de discernir sua significação."

EDITORA PENSAMENTO